# *Die besten Kartoffel- & Knödelgerichte*

tandem.VERLAG
print line

**Die besten Kartoffel- & Knödelgerichte**

zusammengestellt von Gisela Muhr für NOVA Libra medien, Köln
Einbandgestaltung: Marlies Müller
Layout & Satz: Derek Gotzen und Ulrike Jasser für NOVA Libra medien, Köln

Gesamtherstellung: Tandem Verlag GmbH, Potsdam

ISBN 978-3-8427-0431-2

# *Einleitung*

Wenn Sie mal wieder eine Landpartie machen, schauen Sie sich bewusst die schönen, alten Bauernhäuser oder die gepflegten Hausgärten an. Wie schaffen die das, und wer kümmert sich eigentlich darum? Welcher Großstädter weiß schon, welche Kraft in den Dörfern, auf dem flachen Lande steckt: bei den Landfrauen!

Wussten Sie, dass es in Deutschland einen Landfrauenverband mit 600 000 Mitgliedern gibt – und das bereits seit Ende des 19. Jahrhunderts!

Die Geschichte der Landfrauenbewegung begann vor mehr als hundert Jahren, am 2. Februar 1898. In Rastenburg in Ostpreußen gründete die Gutsbesitzerfrau Elisabet Boehm den ersten »Landwirtschaftlichen Hausfrauenverein« mit fünfzehn Mitgliedern: Land- und Stadtfrauen. Elisabet Boehm vermisste die Ausbildung der Landfrauen für deren Mehrfachbelastung als Frau, Mutter und als unentbehrliche Mitarbeiterin im Betrieb. Sie engagierte sich für die Gesundheit der Bäuerinnen und gegen die Unterbewertung deren Arbeit.

Elisabet Boehm war es auch, die die Biene zum Erkennungszeichen des ersten »Landwirtschaftlichen Hausfrauenvereins« machte. Warum die Biene? Landfrauen sind so tüchtig und fleißig wie die Bienen, tragen staatsbürgerliche Verantwortung, haben Gemeinschaftssinn und engagieren sich für Hilfe Suchende. Und als Qualitätszeichen schmückte die Biene zu Beginn der Landfrauenbewegung landwirtschaftliche Produkte – so gab es ab 1909 das »Bienenei«.

Natürlich entwickelten die Landfrauen eine eigene Kochkultur: Naturbelassen, einfach und ohne Schnickschnack – das wäre die kurze Beschreibung für die Küche der Landfrauen. Früher wurde auf dem Land mindestens einmal in der Woche der große Holzofen oder das Backhaus eingeheizt, um in einer bestimmten (ökologisch perfekten) Reihenfolge zu kochen und zu backen.

Die ersten Frühkartoffeln, die aus dem eigenen Garten auf den Tisch kommen, werden mit Butter und Salz gegessen. Was für ein Festessen! Eine wirklich sahnige Kartoffelsuppe sättigt nicht nur, sondern verleitet zu genüsslichem Schmatzen.

Auch wenn Sie keine eigenen Kartoffeln mehr im Garten haben, können Sie mit den in diesem Buch beschriebenen Rezepten der Landfrauen wundervoll duftende, aromatisch schmeckende und pikante Kartoffel- und Knödelgerichte nachkochen.

Und mit Salzekuchen, Himmel un Äd, Endivienjemangs, Speckknödeln oder deftigen Semmelknödeln mit Pfifferlingen werden Sie viel Lob für Ihre Kochkunst erhalten.

Mit natürlichen, einfachen Zutaten gekocht und fein im Geschmack, versprechen diese Kartoffel- und Knödelgerichte Genuss pur.

Mit viel Liebe wurden die ausführlichen Rezepte der Landfrauen ausgewählt, geprüft und mehrfach getestet. Außerdem sind sie mit hilfreichen Tipps und Erklärungen ergänzt und alphabetisch geordnet.

Nur, was auch wie ein echtes Landfrauengericht schmeckt,
wurde in dieses Buch aufgenommen!

# B

# Backesgrumbeere

## (Gebackene Kartoffeln)

*Für 4 Personen*
*Zubereitungszeit: 30 Minuten*
*Backzeit: ca. 45 Minuten*

### Einkaufsliste/Zutaten

1,5 kg Kartoffeln
2 Stangen Lauch
1 mittelgroße Zwiebel
1 El Schmalz
500 g geräucherter Schweinebauch
Salz
Pfeffer
Kümmel oder Thymian
125 ml Fleischbrühe
250 ml süße Sahne
2 El Paniermehl
Butter

### Garnierung

Aus kalter Butter geformte Blüten

### Vorküche

Die Kartoffeln schälen und in dünne Scheiben schneiden.
Den Lauch putzen und in feine Ringe schneiden.
Die Zwiebel würfeln und den Schweinebauch in Scheiben schneiden.

### Zubereitung

Eine Auflaufform mit Schmalz einfetten und den Boden mit der Hälfte der Schweinebauchscheiben belegen. Darauf die Hälfte der Kartoffeln anordnen und mit Salz, Pfeffer und, je nach Geschmack, Kümmel oder Thymian würzen. Den Lauch zusammen mit dem restlichen Schweinebauch auf die Kartoffeln legen. Die restlichen Kartoffeln darauf verteilen. Die Zwiebel kurz in heißem Schmalz glasig dünsten, mit der Fleischbrühe ablöschen und über die Kartoffeln geben. Anschließend mit der Sahne begießen und mit Paniermehl bestreuen. Butterflöckchen darauf verteilen. Im Backofen ca. 45 Minuten bei 200 °C gut bräunen.

### Servieren

Aus kalter Butter mit einem Teelöffel kleine Kugeln ausstechen und mit einem Messer kleine Halbmonde hineinschneiden, sodass eine Blüte entsteht. Auf den Auflauf setzen und sofort servieren. Als Beilage reicht man Kopf- oder Feldsalat.

### Merkzettel

Der sehr geschmacksintensive Kümmel kann durch Thymian ersetzt werden.

# Berliner Brühkartoffeln

*Für 4 Personen*
*Zubereitungszeit: 20 Minuten*
*Kochzeit: 1 ½ Stunden*

**Einkaufsliste/Zutaten**

1 kg Kartoffeln
2 Bund Suppengrün
1 große Zwiebel
1 Bund Petersilie
1 Bund Liebstöckel
1 kg Rinderknochen
Salz
50 g Butter

**Garnierung**

1 Bund gehackte Pimpinelle
(Steinpetersilie)

## Vorküche

Die Kartoffeln schälen, waschen und in Würfel schneiden. Das Suppengrün und die Zwiebel schälen, putzen, waschen und würfeln. Petersilie, Liebstöckel und Pimpinelle waschen, trockenschütteln und fein hacken.

## Zubereitung

Aus den Knochen, einem Bund Suppengrün und der Zwiebel sowie etwas Salz eine Brühe kochen. Etwa 1 Stunde köcheln lassen, dann die Brühe durchsieben. Inzwischen das zweite Bund Suppengrün in einem Topf mit zerlassener Butter andünsten. Die gewürfelten Kartoffeln in Wasser blanchieren und die Knochenbrühe und das gedünstete Gemüse zugeben. Mit den klein gehackten Küchenkräutern abschmecken. Etwas Pimpinelle zur Verzierung beiseite stellen. Alles etwa 20 Minuten köcheln lassen.

## Servieren

Zum Servieren klein gehackte Pimpinelle darüber streuen.

## Merkzettel

Pimpinelle verleiht den Brühkartoffeln ein gurkenähnliches, frisches Aroma.

# Berliner Kartoffelauflauf

*Für 4 Personen*
*Zubereitungszeit: 30 Minuten*
*Brat- & Backzeit: 50 Minuten*

**Einkaufsliste/Zutaten**

800 g Kartoffeln
2 Zwiebeln
1 Bund Petersilie
5 El Öl
Salz
Pfeffer
350 g Hackfleisch
3 Eier
250 ml Milch
1 El Mehl
Margarine zum Braten

**Garnierung**

3 Gewürzgurken
3 Tomaten

## Vorküche

Die Kartoffeln schälen, waschen und in Scheiben schneiden. Die Zwiebeln schälen und würfeln. Die Petersilie waschen, trockenschütteln und fein hacken. Tomaten waschen und vierteln, Gurken in kleine Stücke schneiden. Den Backofen auf 200 °C vorheizen.

## Zubereitung

Die Kartoffelscheiben in einer hohen Pfanne in heißem Öl goldgelb braten. Mit Salz und Pfeffer würzen. Aus dem Hackfleisch mit einem Ei, Salz und Pfeffer und den Zwiebeln einen Teig bereiten. Die Kartoffelscheiben und den Fleischteig in eine gefettete Form schichten, in den Backofen geben und etwa 30 Minuten garen lassen. Milch, Mehl und zwei Eier verquirlen, gehackte Petersilie dazugeben und über die Kartoffeln gießen. Weitere 20 Minuten überbacken.

## Servieren

Servieren Sie den Auflauf mit Tomatenstücken und Gurkenscheiben garniert.

## Merkzettel

Verwenden Sie fest kochende Kartoffeln. So bekommt das Ganze mehr Biss.

# Berliner Kartoffelsuppe

*Für 4 Personen*
*Zubereitungszeit: 20 Minuten*
*Koch- & Bratzeit: 1 Stunde*

## Einkaufsliste/Zutaten

150 g Kartoffeln
1 Bund Suppengrün
1 Zwiebel
30 g magerer Speck
½ Bund Petersilie
1 Scheibe Weißbrot
1 kg Querrippen
1 El Butter
1 Lorbeerblatt
2 Pimentkörner
½ Tl Kümmel
Majoran
Salz
250 ml süße Sahne

## Garnierung

Geröstete Weißbrotwürfel

## Vorküche

Die Kartoffeln schälen, waschen und in kleine Würfel schneiden. Das Suppengrün und die Zwiebel schälen, putzen, waschen und würfeln. Den Speck ebenfalls in kleine Würfelchen schneiden. Die Petersilie waschen, trockenschütteln und fein hacken. Das Weißbrot würfeln und in einer Pfanne rösten.

## Zubereitung

Die Querrippen in einem Topf mit wenig Salzwasser 30 Minuten kochen lassen. Das Fleisch aus dem Sud nehmen, vom Knochen lösen und in kleine Stücke schneiden. Die Speckwürfel in einem weiteren Topf mit der Butter anbraten und herausnehmen. Im gleichen Fett das Suppengrün und die Zwiebel andünsten und mit der Fleischbrühe auffüllen. Kartoffeln mit den Gewürzen hinzugeben, 20 Minuten kochen lassen. Dann alles durch ein Sieb passieren. Die Fleischwürfel dazugeben, unterrühren und mit Majoran und Salz abschmecken. Die Sahne zugießen und nun nicht mehr kochen lassen. Die Speckwürfel in die Suppe geben.

## Servieren

Geröstete Weißbrotwürfel mit den Speckwürfeln und der gehackten Petersilie vor dem Servieren über die Suppe streuen.

## Merkzettel

Vegetarier können diese Suppe auch ohne Fleisch und stattdessen mit Gemüsebrühe zubereiten – das ist ebenso schmackhaft.

# Berner Rösti

*Für 4 Personen*
*Zubereitungszeit: 20 Minuten*
*Koch-, Brat- & Backzeit: 1 Stunde*

**Einkaufsliste/Zutaten**

1 kg Kartoffeln
1 Tl Salz
2 El Butter
2 El Schweineschmalz
50 g gewürfelter, durchwachsener Speck
2 El Milch

**Garnierung**

Einige Schnittlauchröllchen

## Vorküche

Die Kartoffeln in der Schale am Vortag in Salzwasser in 20–25 Minuten garen. Die Kartoffeln abgießen und ausdämpfen lassen. Die Kartoffeln schälen, in Stäbchen reiben und salzen.

## Zubereitung

Butter und Schmalz in einer Pfanne erhitzen, gewürfelten Speck und Kartoffeln hineingeben und unter häufigem Wenden leicht anbraten. Zu einem Kuchen zusammenschieben und mit geschlossenem Deckel auf kleiner Flamme etwa 20 Minuten garen. Die Milch angießen und nochmals mit geschlossenem Deckel 10 Minuten goldbraun fertig backen.

## Servieren

Auf eine vorgewärmte Platte stürzen, mit Schnittlauchröllchen garnieren und noch heiß zu Tisch bringen.

## Merkzettel

Übrig gebliebenes Rösti kann am nächsten Tag erneut aufgebraten werden.

# Beulchen

## (Beulchen sind Kartoffelklöße, die mit Lauch und gesalzenem Fleisch in einem Beutel gegart werden)

*Für 4 Personen*
*Zubereitungszeit: 25 Minuten*
*Kochzeit: 1 Stunde*

### Einkaufsliste/Zutaten

2,5 kg Kartoffeln
1 kg mageres Solperfleisch
(auch Solberfleisch = gepökeltes Schweinefleisch)
1 Zwiebel
2 Stangen Lauch
1 Ei
Salz
Pfeffer
Mehl

## Vorküche

Die Kartoffeln schälen, das Solperfleisch in kleine Stückchen würfeln, den Lauch und die Zwiebel klein schneiden.

## Zubereitung

Die rohen Kartoffeln reiben und das überschüssige Wasser abgießen. Die Masse mit dem klein geschnittenen Fleisch, der Zwiebel, dem Lauch und dem Ei zu einem Kloßteig vermengen. Mit Pfeffer und Salz leicht würzen, bei Bedarf noch etwas Mehl zugeben. Portionsweise in kleine Leinenbeutelchen (oder Stoffservietten) füllen, abbinden und in kochendem Salzwasser garen lassen. Die Beutel mit kaltem Wasser abschrecken, damit sich die Beulchen gut herauslösen.

## Servieren

Die Beulchen, auch Beulches genannt, kann man pur genießen oder eine Zwiebelsoße darüber geben.
Ein grüner Salat schmeckt immer dazu.

## Merkzettel

Übrig gebliebene Beulchen am nächsten Tag in dicke Scheiben schneiden, in geschlagenem Ei wälzen und in heißer Butter von beiden Seiten in der Pfanne bräunen. So schmecken sie noch einmal so gut.
Anstelle von Stoffservietten kann man im Handel erhältliche Kochbeutel verwenden.

# Böhmische Kartoffelknödel

*Für 4 Personen*
*Zubereitungszeit: 30 Minuten (ohne Wartezeit)*
*Koch- & Bratzeit: 25 Minuten*

## Einkaufsliste/Zutaten

750 g Kartoffeln
1 Zwiebel
1 Bund Petersilie
100 g Butter
4 helle Brötchen
Muskatnuss
Salz
Pfeffer
4 Eier
2 Tassen Paniermehl

## Garnierung

Petersilienblättchen

## Vorküche

Die Kartoffeln am Vortag in Salzwasser in der Schale in 20–25 Minuten gar kochen, schälen und erkalten lassen. Am nächsten Tag die Zwiebel schälen und sehr fein hacken. Die Petersilie abwaschen, trockenschütteln und ebenfalls fein hacken. Die Zwiebeln und die Petersilie in Butter glasig anschwitzen. Die Zwiebel-Petersilien-Masse beiseite stellen und auskühlen lassen.

## Zubereitung

Die Brötchen in kaltem Wasser einweichen und anschließend gründlich ausdrücken. Die Kartoffeln auf einer Küchenreibe fein hobeln, zu der Brötchenmasse geben und mit Muskatnuss, Salz und Pfeffer würzen. Die Eier und die Zwiebelmasse zugeben und alles zu einem festen Teig verarbeiten. Sollte der Teig zu flüssig sein, kann man ihn mit Paniermehl eindicken. Einen Probeknödel formen und in heißes, aber nicht mehr kochendes Wasser geben. Wenn der Knödel auf der Wasseroberfläche schwimmt, noch weitere 3 Minuten garen lassen und dann abschöpfen. Zerfällt der Knödel, müssen weiteres Paniermehl und mehr Eier in die Knödelmasse gegeben werden. Ist die Teigkonsistenz richtig, nach und nach alle Knödel formen und in siedendem Wasser garen. Die Knödel in eine mit Paniermehl gefüllte Schüssel geben und darin wälzen, bis sie rundum paniert sind, und erkalten lassen.
Die Knödel in einer Pfanne mit reichlich Butter auf allen Seiten kräftig anbraten, bis sie eine schöne Kruste bekommen.

## Servieren

Die Knödel in eine Schüssel geben und mit Petersilienblättchen bestreuen.

## Merkzettel

Muskatnüsse halten sich bis zu zwei Jahren, wenn sie dunkel und luftdicht verpackt gelagert werden.

# Böhmische Reibekuchen

*Für 4 Personen*
*Zubereitungszeit: 40 Minuten*
*Bratzeit: 20 Minuten*

**Einkaufsliste/Zutaten**

500 g Kartoffeln
2 Eier
Salz
Weißer Pfeffer aus der Mühle
Majoran
150 g Mehl
1 Knoblauchzehe
250 ml Pflanzenöl

**Garnierung**

Apfelkompott

## Vorküche

Die Kartoffeln waschen, schälen und fein reiben. Die Eier in die Kartoffelmasse geben und alles gut miteinander verrühren. Kräftig mit Salz, Pfeffer und Majoran würzen. Nach und nach das Mehl untersieben, den geschälten und zerdrückten Knoblauch unterarbeiten.

## Zubereitung

Das Öl in einer Pfanne erhitzen und mit einer Schöpfkelle den Teig hineingleiten lassen. Den Reibekuchen auf beiden Seiten goldbraun braten, aus der Pfanne nehmen und warm stellen. So verfahren, bis die gesamte Kartoffelmasse aufgebraucht ist.

## Servieren

Die Reibekuchen noch warm zu Tisch bringen und Apfelkompott dazu reichen. Als Getränk schmeckt ein frisches Pils.

## Merkzettel

Übrig gebliebene Reibekuchen schmecken am nächsten Tag mit einer Scheibe kräftigem Schwarzbrot.

# Böhmischer Kartoffelsalat

*Für 4 Personen*
*Zubereitungszeit: 20 Minuten (ohne Wartezeit)*
*Koch- & Bratzeit: 30 Minuten*

**Einkaufsliste/Zutaten**

1 kg Kartoffeln
6 El Öl
2 El Weinessig
125 ml Fleischbrühe
1 Zwiebel
Salz
Weißer Pfeffer aus der Mühle
200 g Speck

**Garnierung**

1 El gehackte Petersilie
2 geviertelte, hart gekochte Eier

## Vorküche

Die Kartoffeln waschen und in Salzwasser in 20–25 Minuten gar kochen. In der Zwischenzeit aus 4 El Öl, Essig, heißer Fleischbrühe, fein gehackter Zwiebel, Salz und Pfeffer eine Marinade anrühren.

## Zubereitung

Die Kartoffeln abgießen, noch heiß pellen, in Scheiben schneiden und die Marinade darüber gießen. Den Speck in feine Würfel schneiden, in 2 El Öl auslassen und ebenfalls über die Kartoffeln geben. Den Kartoffelsalat vorsichtig mischen und für mindestens 1 Stunde im Kühlschrank ziehen lassen.

## Servieren

Den Kartoffelsalat mit Petersilie bestreuen und mit den Eiervierteln garnieren.

## Merkzettel

Für Kartoffelsalate gibt es eine Vielzahl von leckeren Rezepten. Jede böhmische Landfrau hat hier ihre spezielle Rezeptur.

# Bratkartoffeln

*Für 4 Personen*
*Zubereitungszeit: 25 Minuten*
*Koch- & Bratzeit: ca. 35 Minuten*

### Einkaufsliste/Zutaten

750 g fest kochende Kartoffeln
3 Zwiebeln
80 g magerer Speck
130 g Schinkenspeck
1 Bund Schnittlauch
2 El Butterschmalz
4 Eier
3 El Milch
Salz
Schwarzer Pfeffer aus der Mühle
Edelsüßes Paprikapulver
Etwas Muskatnuss

### Garnierung

Schnittlauchröllchen

## Vorküche

Die Kartoffeln gründlich waschen und in ausreichend Wasser gar kochen. Abgießen, pellen, erkalten lassen und in Scheiben schneiden. Die Zwiebeln schälen und in feine Würfel schneiden. Den Speck und den Schinkenspeck ebenfalls in kleine Würfel schneiden. Den Schnittlauch waschen, trockenschütteln und in feine Röllchen schneiden.

## Zubereitung

Den Speck in einer Pfanne mit heißem Butterschmalz auslassen, die Zwiebeln dazugeben und glasig andünsten. Die Kartoffelscheiben in die Pfanne geben und braun braten lassen.
Die Eier mit Milch, Salz, Pfeffer, Paprikapulver und Muskatnuss verschlagen. Den Schinkenspeck und die Schnittlauchröllchen (etwas beiseite stellen) zu der Eiermilch geben, über die Bratkartoffeln gießen und stocken lassen.

## Servieren

Servieren Sie die Bratkartoffeln mit den restlichen Schnittlauchröllchen portionsweise auf flachen Tellern.

## Merkzettel

Bratkartoffeln passen zu vielerlei Kurzgebratenem.

# Bubespitzle

## (Schupfnudeln)

*Für 4 Personen*
*Zubereitungszeit: 20 Minuten*
*Koch- & Bratzeit: 40 Minuten*

### Einkaufsliste/Zutaten

1 kg fest kochende Kartoffeln
2 Eier
Salz
Weißer Pfeffer aus der Mühle
Muskatnuss
150 g Mehl
50 g Butterschmalz zum Ausbacken

### Garnierung

4 in Scheiben geschnittene Radieschen

### Vorküche

Die Kartoffeln am Vortag waschen und in der Schale in reichlich Salzwasser 20–25 Minuten garen. Die geschälten Kartoffeln durch eine Kartoffelpresse drücken, die Eier zugeben und alles kräftig mit Salz, Pfeffer und Muskatnuss würzen. Das Mehl zugeben und alles gut durchkneten, bis ein fester Teig entstanden ist. Den Kartoffelteig zu einer Rolle formen und etwa 1 cm dicke Scheiben abschneiden.

### Zubereitung

Die Scheiben auf einer mit Mehl bestreuten Arbeitsfläche zu fingerstarken Würstchen ausrollen, die an den Enden spitz zulaufen. Die Bubespitzle in kochendes Salzwasser geben, bis sie an die Oberfläche kommen. Aus dem Wasser nehmen, auf Küchenpapier abtropfen lassen und im heißen Butterschmalz goldbraun braten.

### Servieren

Die Bubespitzle auf vorgewärmten Tellern anrichten und mit den Radieschenscheiben servieren.

### Merkzettel

Bubespitzle sind nicht nur ein köstliches Hauptgericht, sondern auch eine herrliche Beilage zu Fleischgerichten.

# D

# Dibbelabbes

## (Saarländische Kartoffelspeise)

*Für 4 Personen*
*Zubereitungszeit: 40 Minuten*
*Brat- & Backzeit: 1–1 ½ Stunden*

### Einkaufsliste/Zutaten

1 kg fest kochende Kartoffeln
1 Lauchstange
1 Zwiebel
125 g magerer Speck
1 El Butter
1 Ei
Salz
Pfeffer
Muskatnuss

### Garnierung

Tomatenachtel

## Vorküche

Die Kartoffeln schälen, waschen, fein reiben und gut ausdrücken. Die Lauchstange von den äußeren Blättern befreien, in feine Ringe schneiden, waschen und gut abtropfen lassen. Die Zwiebel schälen und in feine Würfel schneiden. Den Speck von der Schwarte befreien und in feine Würfel schneiden. Den Backofen auf 200 °C vorheizen.

## Zubereitung

Die Speckwürfel in einem gusseisernen Bräter mit der ausgelassenen Butter kurz anbraten. Geriebene Kartoffeln mit Lauch, Zwiebeln, Ei und den Gewürzen gut vermengen. Das Ganze in den Bräter zum Speck geben, verrühren und im Backofen 1–1½ Stunden backen lassen.

## Servieren

Dibbelabbes mit Tomatenachteln garniert als Hauptmahlzeit oder als Beilage zu Fleischgerichten servieren.

## Merkzettel

Die Kartoffel gilt fälschlicherweise als Dickmacher, obwohl die berühmte Knolle wasserreich und kalorienarm ist.

# Dicker Pickert

## (Kartoffelkuchen)

*Für 4 Personen*
*Zubereitungszeit: 45 Minuten*
*Koch- & Bratzeit: 1 Stunde*

### Einkaufsliste/Zutaten

1,5 kg Kartoffeln
2 Eier
500 g Weizenmehl
1 Tl Salz
150 g Rosinen
10 g Hefe (¼ Würfel)
2 El Zucker
3 El lauwarme Milch
Butterschmalz zum Ausbacken

### Garnierung

Puderzucker

### Vorküche

Die Kartoffeln schälen, waschen und reiben. Die geriebenen Kartoffeln gut ausdrücken. Mit Eiern, Mehl, Salz und Rosinen vermischen. Die Hefe mit Zucker und Milch verrühren und unter den Teig rühren. Den Teig abgedeckt an einem warmen Platz 30 Minuten gehen lassen.

### Zubereitung

Butterschmalz in einer schweren Pfanne erhitzen und den Teig esslöffelweise hineingeben. Die Plätzchen etwas glatt streichen und von beiden Seiten knusprig braun backen.

### Servieren

Servieren Sie die Plätzchen noch warm mit Puderzucker bestreut. Reichen Sie dazu Rübenkraut, Leberwurst, Pumpernickel und heißen Milchkaffee.

### Merkzettel

Kalt schmecken die Kartoffelplätzchen auf einer gebutterten Scheibe Pumpernickel.

# E

# Emmentaler Kartoffelsuppe

*Für 4 Personen*
*Zubereitungszeit: 20 Minuten*
*Kochzeit: 45 Minuten*

**Einkaufsliste/Zutaten**

1 kg Kartoffeln
1 Zwiebel
2 Stangen Lauch
2 Möhren
2 El Butter
1,5 l Fleischbrühe
1 Tl Mehl
3 El saure Sahne
1 El Majoran
2 El Petersilie
Salz
Weißer Pfeffer aus der Mühle
Muskatnuss
1 Schuss Essig

**Garnierung**

4 Scheiben Emmentaler

## Vorküche

Die Kartoffeln waschen, schälen und würfeln. Zwiebel, Lauch und Möhren putzen und ebenfalls klein schneiden.

## Zubereitung

Die Butter in einem Topf erhitzen und die Zwiebel darin anschwitzen. Kartoffeln, Lauch und Möhren zugeben, die Fleischbrühe angießen und alles bei mäßiger Hitze etwa 30 Minuten köcheln lassen.
Das Mehl mit der Sahne vermischen und zusammen mit dem Majoran und der Petersilie zugeben. Nochmals 10 Minuten köcheln lassen. Mit Salz, Pfeffer und Muskatnuss würzen. Kurz vor dem Anrichten mit einem Schuss Essig abschmecken.

## Servieren

Je eine Scheibe Emmentaler in die vorgewärmten Suppenteller legen und die Suppe darüber geben.
Dazu schmeckt eine Scheibe geröstetes Weißbrot.

## Merkzettel

Muskatnüsse sollten dunkel und luftdicht verpackt gelagert werden.
So halten sie sich mehrere Jahre.

# Endivienjemangs

## (Endivien in Kartoffelpüree)

*Für 4 Personen*
*Zubereitungszeit: 15 Minuten*
*Koch- & Bratzeit: 20 Minuten*

### Einkaufsliste/Zutaten

700 g Kartoffeln
1 großer Endiviensalat
4 Scheiben Speck (etwa 1 cm dick)
200 ml Sahne
Salz
Weißer Pfeffer aus der Mühle
Frisch geriebene Muskatnuss

### Garnierung

Gebratene Speckscheiben

### Vorküche

Die Kartoffeln schälen, vierteln und in Salzwasser etwa 20 Minuten garen. Den Endiviensalat putzen, die äußeren Blätter entfernen und in hauchfeine Streifen schneiden. Waschen und gründlich trockenschleudern. In einer großen Pfanne die Speckscheiben von beiden Seiten braun braten.

### Zubereitung

Die Kartoffeln abgießen. Sahne, Salz, Pfeffer und Muskatnuss zufügen und grob stampfen. Nach und nach den Endiviensalat unterheben.

### Servieren

Die Kartoffel-Endivien-Masse in eine vorgewärmte Schüssel geben und die Speckscheiben oben auflegen. Dazu schmeckt ein kühles Bier.

### Merkzettel

»Jemangs« ist ein rheinischer Ausdruck und bedeutet frei übersetzt »Vermengtes«.

# F

# Fluddeknepp

## (Klöße aus Kartoffeln und Mehl)

*Für 4 Personen*
*Zubereitungszeit: 20 Minuten*
*Koch- & Bratzeit: 35 Minuten*

**Einkaufsliste/Zutaten**

750 g Kartoffeln
100 g Mehl
1 Ei
Salz
Weißer Pfeffer aus der Mühle
Muskatnuss
6 El Butter

**Garnierung**

2 El gehackte Petersilie

## Vorküche

Die Kartoffeln waschen und in Salzwasser etwa 25 Minuten garen. Das Wasser abgießen, die Kartoffeln auskühlen lassen, schälen und in eine Schüssel reiben.

## Zubereitung

Das Mehl und das Ei in die Kartoffelmasse geben, mit Salz, Pfeffer und Muskatnuss würzen und alles gut miteinander mischen. Mit einem Esslöffel die »Knepp« (längliche Klößchen) formen und in eine Schüssel geben. Die Butter in einer Pfanne erhitzen und die »Knepp« darin von allen Seiten goldbraun braten.

## Servieren

Die »Knepp« auf vorgewärmten Tellern anrichten, mit Petersilie bestreuen und einen grünen Salat dazu reichen.

## Merkzettel

Übrig gebliebene »Knepp« schmecken besonders gut, wenn man sie am nächsten Tag erneut aufgebraten zu Tisch bringt.

# Fränkischer Kartoffelsalat

*Für 4 Personen*
*Zubereitungszeit: 15 Minuten (ohne Wartezeit)*
*Kochzeit: 25 Minuten*

## Einkaufsliste/Zutaten

1 kg Salatkartoffeln
Salz
6 El Speiseöl
2 El Weinessig
125 ml Fleischbrühe
2 Schalotten
Weißer Pfeffer aus der Mühle
200 g durchwachsener Speck

## Garnierung

2 hart gekochte Eier

## Vorküche

Die Kartoffeln unter fließendem Wasser gründlich abwaschen und in der Schale in Salzwasser 25 Minuten garen. Die Kartoffeln abgießen, möglichst heiß pellen und in Scheiben schneiden.

## Zubereitung

Über die noch warmen Kartoffeln die aus 4 El Öl, Essig, heißer Fleischbrühe, fein gehackten Schalotten, Salz und Pfeffer gerührte Marinade geben und vorsichtig vermischen. Den Speck von der Schwarte befreien, fein würfeln, in 2 El Öl in einer Pfanne auslassen und über die Kartoffeln geben. Den Kartoffelsalat in eine Schüssel geben und etwa 1 Stunde im Kühlschrank ziehen lassen.

## Servieren

Den Kartoffelsalat aus dem Kühlschrank nehmen, die hart gekochten Eier in Scheiben schneiden und darüber verteilen.

## Merkzettel

Die abgekochten Salatkartoffeln lassen sich am besten mit einem Eierschneider in gleichmäßig dünne Scheiben schneiden.

# G

# Gebackene Kartoffeln

*Für 4 Personen*
*Zubereitungszeit: 35 Minuten*
*Koch- & Backzeit: 1¼ Stunden*

**Einkaufsliste/Zutaten**

1 kg fest kochende Kartoffeln
4 Eier
2 Zwiebeln
1 Knoblauchzehe
40 g Zwieback
Salz
Kümmel
100 g Butter
Pfeffer
Muskatnuss
250 ml Brühe
40 g Paniermehl
Einige Butterflöckchen

**Garnierung**

Einige Salatblätter

## Vorküche

Kartoffeln waschen. Die Eier hart kochen, pellen und grob hacken. Zwiebeln und Knoblauch schälen und fein würfeln. Den Zwieback reiben. Den Backofen auf 200 °C vorheizen.

## Zubereitung

Die Kartoffeln mit Salz und Kümmel gar kochen. Die Pellkartoffeln von der Schale befreien und in dicke Scheiben schneiden. In einem Topf die Butter zerlassen und die Zwiebel und den Knoblauch darin anschwitzen. Die Kartoffelscheiben dazugeben und mit Salz, Pfeffer und Muskatnuss würzen. Das Ganze in eine eingefettete Auflaufform geben und mit der Brühe übergießen. Die Eier, den Zwieback und das Paniermehl darüber geben und die Butterflöckchen darauf setzen. Die Auflaufform in den Backofen schieben und etwa 30–40 Minuten backen lassen.

## Servieren

Servieren Sie die gebackenen Kartoffeln zu einem Fleischgericht mit frischem Salat oder frischem Gemüse.

## Merkzettel

Wünschen Sie das Gericht etwas reichhaltiger, können Sie noch rohen Schinken oder Kasseler zugeben.

# Gefüllte Kartoffeln

*Für 4 Personen*
*Zubereitungszeit: 50–60 Minuten*
*Backzeit: 40 Minuten*

**Einkaufsliste/Zutaten**

12 dicke, gleich große Kartoffeln
Öl zum Bestreichen

***Für die Quarkfüllung***

1 kleine Zwiebel
½ Bund Schnittlauch
100 g Sahnequark
Salz
Schwarzer Pfeffer aus der Mühle

***Für die Fischfüllung***

8 kleine, eingelegte Heringsfilets
40 g Butter
Je ¼ Bund Estragon, Dill, Kerbel, Petersilie
1 Schalotte
Salz
2 El Zitronensaft

***Für die Krabbenfüllung***

40 g Butter
2 hart gekochte Eigelb
1 Tl Senf
100 g frische Krabben

## Vorküche

Die Kartoffeln gründlich waschen. Alufolie in Stücke schneiden, mit Öl bestreichen und die Kartoffeln darin locker einwickeln. Zwiebel schälen und in feine Würfel schneiden. Schnittlauch waschen, trockenschütteln und in feine Röllchen schneiden. Heringsfilets in kleine Stücke schneiden. Die Kräuter gründlich waschen, trockenschütteln und fein hacken. Die Schalotte schälen und fein würfeln. Den Backofen auf 220 °C vorheizen.

## Zubereitung

Die verpackten Kartoffeln auf ein Backblech legen und im Backofen etwa 40 Minuten backen. Zwischenzeitlich den Quark in einer Schüssel mit den Zwiebelwürfeln und den Schnittlauchröllchen (etwas beiseite stellen) sowie Salz und Pfeffer vermischen. Aus der weichen Butter und den Kräutern, Salz und Zitronensaft eine Kräuterbutter herstellen, kühl stellen. Nach der Garzeit die Kartoffeln aus dem Ofen nehmen, die Alufolie mit einem spitzen Messer aufschneiden, die Kartoffeln aufklappen und jeweils vier Kartoffeln wie folgt füllen: Die Quarkmischung mit einem Esslöffel in die Kartoffel füllen und mit den restlichen Schnittlauchröllchen bestreuen. Die Heringsstücke in die Kartoffel legen und die Kräuterbutter an den Seiten verteilen. Butter, Eigelbe und Senf vermischen und in die Kartoffel füllen, reichlich mit Krabben belegen.

## Servieren

Die gefüllten Kartoffeln mit Schwarzbrot und einem frischen Pils servieren.

## Merkzettel

Ihre Vielseitigkeit hat die Kartoffel zur Königin der Beilagen gemacht.

# Gefüllte Klöße

*Für 4 Personen*
*Zubereitungszeit: 1 Stunde*
*Koch- & Bratzeit: 15 Minuten*

## Einkaufsliste/Zutaten

### *Für die Klöße*

Siehe Seite 52, Hoorische Kartoffelklöße

### *Für die Füllung*

1 Zwiebel
1 El Butterschmalz
250 g Schweinehackfleisch
250 g frische Leberwurst
Salz
Pfeffer
Majoran

### Garnierung

2 El ausgelassene Butter

## Vorküche

Den Teig zubereiten wie bei den Hoorischen Kartoffelklößen.
Die Zwiebel schälen und in feine Würfel schneiden.
Das Butterschmalz in einer Pfanne erhitzen und das Hackfleisch darin anbraten. Zwiebelwürfel und Leberwurst dazugeben und kurz mit anbraten. Mit Salz, Pfeffer und Majoran würzen.

## Zubereitung

Mit bemehlten Händen aus der Kartoffelmasse Knödel formen und in die Mitte eine Mulde drücken. Etwas von der Fleischfüllung in die Mitte geben und wieder zu einem Knödel formen. Einen ausreichend großen Topf mit Salzwasser zum Kochen bringen. Die gefüllten Klöße hineingeben und bei mittlerer Hitze etwa 5 Minuten sieden lassen. Nicht mehr kochen! Die gekochten, gefüllten Klöße mit einem Schaumlöffel aus dem Topf heben und abtropfen lassen.

## Servieren

Die gefüllten Klöße mit der Butter begießen und zu Sauerkraut mit Specksoße servieren.

## Merkzettel

Das Schweinehackfleisch kann auch durch Rinderhackfleisch ersetzt werden.

# Grüne Klöße

*Für 4 Personen*
*Zubereitungszeit: 40 Minuten*
*Kochzeit: 20 Minuten*

**Einkaufsliste/Zutaten**

5 altbackene Brötchen
500 ml Milch
1 kg Kartoffeln
Salz
Weißer Pfeffer aus der Mühle
Muskatnuss
1 Ei
40 g Butter
20 g Paniermehl

**Garnierung**

1 El gehackte Petersilie

## Vorküche

Die Brötchenrinde mit einer Küchenreibe entfernen und die Brötchen in möglichst dünne Scheiben schneiden. Die Milch zum Kochen bringen und über die Brötchenscheiben gießen.

## Zubereitung

Die Kartoffeln waschen, schälen und mit einer Küchenreibe möglichst fein reiben. Die Kartoffelmasse in ein sauberes Küchentuch geben und auspressen. Anschließend mit den Brötchen in eine Schüssel geben, mit Salz, Pfeffer und Muskatnuss würzen, das Ei zugeben und alle Zutaten gut miteinander vermengen. Mit feuchten Händen aus dem Kartoffelteig Klöße von 5–6 cm Durchmesser formen und vorsichtig in kochendes Salzwasser gleiten lassen. Die Klöße bei milder Hitze gar ziehen lassen, bis sie an die Oberfläche steigen. Mit einem Schaumlöffel aus dem Salzwasser heben, abtropfen lassen und in einer vorgewärmten Schüssel anrichten. Die Butter in einer Pfanne erhitzen, das Paniermehl darin kurz anrösten und über die Klöße verteilen.

**Servieren**

Die Klöße mit der gehackten Petersilie bestreuen und als Beilage zu einem herzhaften Braten servieren.

**Merkzettel**

Übrig gebliebene Kartoffelklöße schmecken gut, wenn man sie am nächsten Tag, in Scheiben geschnitten, in einer Pfanne mit etwas Butter aufbrät.

# H

# Herzhafte Kartoffelpfanne

*Für 4 Personen*
*Zubereitungszeit: 25 Minuten*
*Koch- & Bratzeit: 30 Minuten*

**Einkaufsliste/Zutaten**

800 g Schweinebauch
1 kg fest kochende Kartoffeln
4 Birnen
3 El Butterschmalz
1 Tl Kümmel
1 Tl Beifuß
Salz
Weißer Pfeffer aus der Mühle
125 ml Weißwein

**Garnierung**

2 El gehackte Petersilie

## Vorküche

Den Schweinebauch waschen, trockentupfen, in der Mitte längs teilen und in etwa 4 cm breite Streifen schneiden.
Die Kartoffeln schälen, waschen und in nicht zu dicke Scheiben schneiden.
Die Birnen waschen, vierteln, das Kerngehäuse entfernen und in Spalten schneiden.
Den Backofen auf 220 °C vorheizen.

## Zubereitung

In einer Schmorpfanne das Butterschmalz leicht erhitzen und die Kartoffelscheiben, Fleischstreifen und Birnenspalten abwechselnd in die Pfanne schichten, die letzte Schicht sollten wieder Kartoffeln sein.
Mit Kümmel, Beifuß, Salz und Pfeffer würzen. Mit 250 ml Wasser und dem Wein zum Kochen bringen und zugedeckt bei mittlerer Hitze etwa 20 Minuten garen lassen.
Die Schmorpfanne ohne Deckel in den Backofen schieben und etwa 10 Minuten bräunen lassen.

## Servieren

Die Kartoffelpfanne mit der Petersilie bestreut servieren.

## Merkzettel

Der aromatische Beifuß wirkt verdauungsfördernd.

# Himmel un Äd

## (Apfelmus, Kartoffelpüree und Blutwurst)

*Für 4 Personen*
*Zubereitungszeit: 20 Minuten*
*Koch- & Bratzeit: 45 Minuten*

### Einkaufsliste/Zutaten

1 kg mehlig kochende Kartoffeln
Salz
1 kg Äpfel (Cox Orange oder hiesiger Berlepsch)
1 El Zucker
1 El Zitronensaft
500 g Zwiebeln
80 g durchwachsener Speck
3 El Butter
250 ml warme Milch
Frisch geriebene Muskatnuss
Weißer Pfeffer aus der Mühle
500 g Blutwurst, in 1 cm dicke Scheiben geschnitten

### Garnierung

Gedünstete Apfelspalten

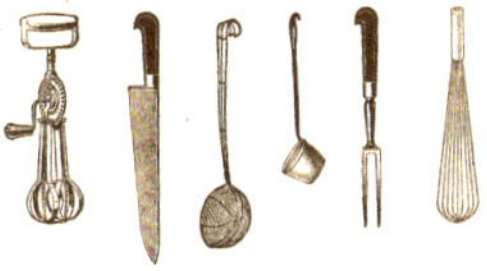

## Vorküche

Die Kartoffeln schälen, waschen, vierteln und in Salzwasser garen. Die Äpfel schälen, Kerngehäuse entfernen und in Spalten schneiden. Mit Zucker und Zitronensaft auf kleiner Hitze gar dämpfen.

## Zubereitung

Die Zwiebeln schälen und in feine Ringe schneiden. Den Speck würfeln und mit 1 El Butter in der Pfanne knusprig braten. Aus der Pfanne nehmen und im verbliebenen Fett die Zwiebelringe darin unter ständigem Wenden goldgelb braten. Die Kartoffeln abgießen und ohne Deckel etwas ausdämpfen lassen. Mit dem Kartoffelstampfer grob zerstoßen und nach und nach die warme Milch angießen.
Mit 2 El Butter, Muskatnuss, Salz und Pfeffer abschmecken. Nun die gedünsteten Apfelspalten unter die gestampften Kartoffeln ziehen. Die Blutwurstscheiben im verbliebenen Fett in der Pfanne von jeder Seite etwa 2 Minuten braten.

## Servieren

Das Kartoffelapfelmus auf einer Platte anrichten und mit der Speck-Zwiebel-Mischung belegen. Die Blutwurstscheiben um das Mus legen und noch heiß servieren.

## Merkzettel

Himmel und Erde, rheinisch »Himmel un Äd«, ist ein klassisches Gericht des Rheinlands. Die Kartoffeln stehen für die Erde und die Äpfel für den Himmel.

# Hoorische Kartoffelklöße

## (Kartoffelsuppe mit Apfelpfannkuchen)

*Für 4 Personen*
*Zubereitungszeit: 50 Minuten*
*Kochzeit: 10 Minuten*

**Einkaufsliste/Zutaten**

2 kg Kartoffeln
3 Eier
Salz
Pfeffer
Mehl

## Vorküche

Die Hälfte der Kartoffeln waschen und mit der Schale gar kochen. Die Kartoffeln abgießen und mit kaltem Wasser abschrecken, pellen und durch die Kartoffelpresse drücken bzw. mit dem Kartoffelstampfer zerdrücken. Die rohen Kartoffeln waschen, schälen und fein reiben. Die Kartoffelflüssigkeit abgießen und die Kartoffelmasse in einem Leinentuch gut ausdrücken.

## Zubereitung

Die Kartoffelmassen miteinander vermengen, die Eier dazugeben und mit Salz und Pfeffer gut würzen. So viel Mehl dazugeben, bis der Teig nicht mehr an der Schüssel oder an den Händen klebt. Aus dem Kartoffelteig mit bemehlten Händen Klöße formen. Die Klöße in einen ausreichend großen Topf mit kochendem Wasser geben und bei mittlerer Hitze sieden lassen (das Wasser darf nicht mehr kochen). Wenn die Klöße an die Oberfläche kommen, noch etwa 3 Minuten ziehen lassen. Mit einem Schaumlöffel aus dem Topf heben und abtropfen lassen.

## Servieren

Die Hoorischen Kartoffelklöße mit Sauerkraut und einer Specksoße servieren.

## Merkzettel

Anstelle von Sauerkraut ist ein frischer grüner Salat eine leckere Variante.

# Hoppel-Poppel

## (Bratenreste mit Bratkartoffeln)

*Für 4 Personen*
*Zubereitungszeit: 30 Minuten*
*Bratzeit: 30 Minuten*

### Einkaufsliste/Zutaten

750 g Pellkartoffeln
400 g Schnitzelfleisch
2 Zwiebeln
75 g Schmalz
Salz
Schwarzer Pfeffer aus der Mühle
½ Tl Kümmel
50 g Margarine
8–10 Eier
Muskatnuss

### Garnierung

1 Bund Petersilie

### Vorküche

Die Kartoffeln schälen, waschen und grob würfeln. Das Fleisch waschen, trockentupfen und in mundgerechte Stücke schneiden. Die Zwiebeln schälen und in Ringe schneiden. Die Petersilie waschen, trockenschütteln und fein hacken.

### Zubereitung

Die Kartoffelstücke in heißem Schmalz mit Salz, Pfeffer und gehacktem Kümmel gewürzt goldbraun braten. In einer zweiten Pfanne Margarine zerlassen und darin das Fleisch zusammen mit den Zwiebelringen rasch anbraten. Nun das Fleisch zu den gebratenen Kartoffeln geben und alles gut durchschwenken. Mit Salz, Pfeffer und Kümmel abschmecken. Die Eier verquirlen, leicht salzen, mit etwas Muskatnuss und gehackter Petersilie würzen, über das Fleisch-Kartoffel-Gemisch in der Pfanne gießen und alles wenden, bis die Eier stocken.

### Servieren

Sofort in der Pfanne mit Petersilie garniert servieren.

### Merkzettel

Am besten gelingt Hoppel-Poppel in einer schweren gusseisernen Pfanne.

# K

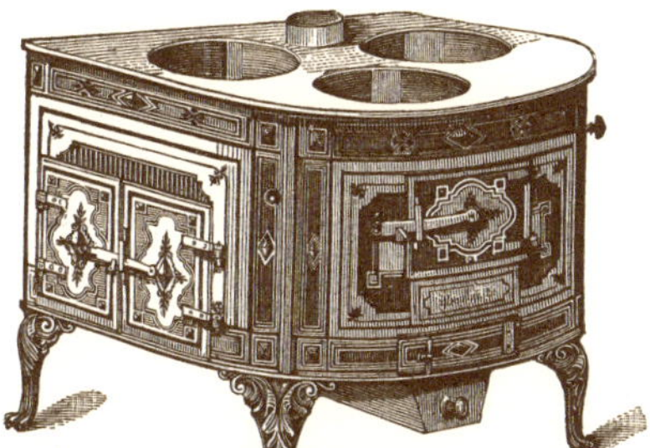

# Kartoffelauflauf

*Für 4 Personen*
*Zubereitungszeit: ca. 40 Minuten*
*Backzeit: 45–50 Minuten*

**Einkaufsliste/Zutaten**

1,2 kg fest kochende Kartoffeln
250 g geräucherter Speck
1 große Zwiebel
1 große Stange Lauch
1 El Öl
Butter für die Form
3 Eier
200 ml Schlagsahne
200 ml Sauerrahm
Salz
Schwarzer Pfeffer aus der Mühle
Etwas Muskatnuss
100 g geriebener Emmentaler
50 g Butter

## Vorküche

Die Kartoffeln schälen, waschen und in feine Scheiben hobeln. Den Speck in feine Würfel schneiden. Die Zwiebel schälen und in feine Würfel schneiden. Die Lauchstange von den äußeren Blättern befreien, waschen und in feine Ringe schneiden. Den Speck in einer großen Pfanne in heißem Öl auslassen. Die Zwiebelwürfel und die Lauchringe dazugeben und kurz darin anschwitzen. Eine flache Auflaufform mit etwas Butter einfetten. Den Backofen auf 200 °C vorheizen.

## Zubereitung

Die fein gehobelten Kartoffeln abwechselnd mit der Zwiebel-Speck-Lauch-Mischung in die Auflaufform schichten. Die oberste Schicht sollte aus Kartoffeln bestehen. Eier mit Sahne und Sauerrahm verrühren, kräftig mit Salz, Pfeffer und Muskatnuss abschmecken und über den Kartoffelauflauf geben. Abschließend den Käse darüber streuen, Butterflocken darauf setzen und das Ganze etwa 45–50 Minuten im Backofen backen.

## Servieren

Den Kartoffelauflauf auf Tellern anrichten und mit einem grünen Salat servieren.

## Merkzettel

Sie können außer Lauch zusätzlich anderes Gemüse verwenden.

# Kartoffelgratin

*Für 4 Personen*
*Zubereitungszeit: 30 Minuten*
*Backzeit: 1 Stunde*

**Einkaufsliste/Zutaten**

750 g Kartoffeln
50 g Butter
Salz
Weißer Pfeffer aus der Mühle
Muskatnuss
200 g geriebener Greyerzer
200 ml Milch
1 Ei

**Garnierung**

Blattsalat

## Vorküche

Die Kartoffeln waschen, schälen und in dünne Scheiben schneiden. Eine feuerfeste Form ausbuttern und abwechselnd Kartoffeln, Gewürze und Käse in der Form aufschichten.

## Zubereitung

Die Milch mit dem Ei verquirlen und darüber gießen. Das Gratin in den auf 200 °C vorgeheizten Backofen geben und etwa 1 Stunde backen. Sollte das Gratin zu dunkel werden, mit Alufolie abdecken.

## Servieren

Das Kartoffelgratin in der Form zu Tisch bringen und einen frischen Blattsalat dazu reichen.

## Merkzettel

Zusätzlich kann das Kartoffelgratin noch mit Apfel- oder Birnenscheiben verfeinert werden.

# Kartoffelgulasch

*Für 4 Personen*
*Zubereitungszeit: 30 Minuten (ohne Wartezeit)*
*Koch- & Bratzeit: 25 Minuten*

**Einkaufsliste/Zutaten**

1 kg Kartoffeln
125 g fetter Speck
4 gehackte Zwiebeln
3 El Mehl
1 El Paprikapulver
750 ml Gemüsebrühe
Salz
1 Tl gehackter Kümmel
Abgeriebene Schale von 1 Zitrone

**Garnierung**

1 Tl gehackte Petersilie

## Vorküche

Kartoffeln waschen und mit der Schale in Salzwasser 20–25 Minuten gar kochen, abgießen und abkühlen lassen. In der Zwischenzeit den Speck in Würfel schneiden und in einer Pfanne auslassen.

## Zubereitung

Die gehackten Zwiebeln zugeben und andünsten. Mehl und Paprikapulver einrühren und die Gemüsebrühe angießen. Mit Salz, gehacktem Kümmel und der abgeriebenen Zitronenschale würzen. Die Kartoffeln pellen und in Würfel schneiden.

## Servieren

Die Kartoffeln unter die Soße ziehen, die Petersilie einstreuen, und das Gulasch noch heiß servieren.

# Kartoffelklöße

*Für 4 Personen*
*Zubereitungszeit: 50 Minuten (ohne Wartezeit)*
*Kochzeit: ca. 5–10 Minuten*

**Einkaufsliste/Zutaten**

1,5 kg Kartoffeln
1 Bund Petersilie
2 Eier
Salz
Pfeffer
Muskatnuss
4–5 El Mehl

**Garnierung**

1 El frisch gehackte Petersilie

### Vorküche

Die Kartoffeln waschen und mit der Schale in reichlich Wasser gar kochen. Anschließend mit kaltem Wasser abschrecken, pellen und durch die Kartoffelpresse drücken bzw. mit dem Kartoffelstampfer zerdrücken. In einer Schüssel über Nacht im Kühlschrank stehen lassen. Die Petersilie gründlich waschen, trockenschütteln und fein hacken.

### Zubereitung

Die Kartoffelmasse mit den Eiern vermengen und mit Salz, Pfeffer und etwas Muskatnuss würzen. Langsam mit Mehl verkneten, bis der Teig nicht mehr klebt. Die Petersilie untermengen, 1 El beiseite stellen. Mit bemehlten Händen kleine Klöße formen. In einem großen Topf Salzwasser zum Kochen bringen und die Klöße darin bei mittlerer Hitze sieden lassen, bis sie auftauchen und an der Wasseroberfläche schwimmen. Mit einem Schaumlöffel aus dem Wasser heben und abtropfen lassen.

### Servieren

Die Kartoffelklöße mit Petersilie bestreut zu Fleischgerichten mit Soße servieren.

### Merkzettel

Wenn Sie Klöße übrig haben, können Sie diese am nächsten Tag klein geschnitten in einer Pfanne mit heißer Butter und mit Rührei goldgelb braten und mit einem grünen Salat als Hauptmahlzeit servieren.

# Kartoffelkuchen

*Für 4 Personen*
*Zubereitungszeit: 40 Minuten*
*Backzeit: 1½ Stunden*

**Einkaufsliste/Zutaten**

1 kg Kartoffeln
2 Zwiebeln
300 g durchwachsener Speck
4 Eigelb
Salz
Weißer Pfeffer aus der Mühle
Muskatnuss
100 g Mehl
1 Tl Butter
1 El Paniermehl

**Garnierung**

Blattsalat

### Vorküche

Die Kartoffeln waschen, schälen, grob reiben und in einem sauberen Küchentuch sorgfältig auspressen. Die Zwiebeln schälen und fein hacken. Die Schwarte vom Speck entfernen und den Speck in feine Würfel schneiden.

### Zubereitung

Den Speck und die Zwiebeln mit der Kartoffelmasse gut vermischen, die Eigelbe zugeben und alles kräftig mit Salz, Pfeffer und Muskatnuss würzen. Nach und nach das Mehl unterarbeiten, bis ein fester Teig entstanden ist. Eine Gugelhupfform ausbuttern und mit Paniermehl ausstreuen. Die Kartoffelmasse einfüllen und in dem auf 200 °C vorgeheizten Backofen etwa 1½ Stunden garen.

### Servieren

Den fertigen Kuchen aus der Form stürzen, in Scheiben schneiden und mit einem frischen Blattsalat servieren.

# Kartoffelküchlein

*Für 4 Personen*
*Zubereitungszeit: 40 Minuten*
*Koch- & Bratzeit: 45 Minuten*

**Einkaufsliste/Zutaten**

1 kg Kartoffeln
1 Zwiebel
100 g durchwachsener Speck
½ Bund Petersilie
150 g Mehl
½ Tl Salz
1 mittelgroßes Ei
Fett zum Ausbacken

**Garnierung**

Salatblätter

## Vorküche

Die Kartoffeln in der Schale 20 Minuten kochen. Die Zwiebel schälen und genau so wie den Speck fein würfeln. Petersilie waschen, trockenschleudern und fein hacken.

## Zubereitung

Die Kartoffeln pellen und gleich durch die Kartoffelpresse in eine Schüssel drücken. Den Speck in einer Pfanne andünsten, die Zwiebel dazugeben und beides etwas Farbe annehmen lassen. Zu den Kartoffeln in die Schüssel geben. Mehl, Salz, Petersilie und Ei zufügen und gründlich miteinander vermischen. Den Teig zu einer etwa 5 cm dicken Rolle formen und in etwa 2 cm dicke Scheiben schneiden.
Die Küchlein im heißen Fett in der Pfanne ausbacken.
Zum Entfetten auf Küchenpapier legen.

## Servieren

Legen Sie die Teller mit Salatblätter aus und richten Sie die Kartoffelküchlein darauf an. Wer mag, kann die Salatblätter vorher durch ein Dressing ziehen.

## Merkzettel

Werden die Kartoffelküchlein ohne Petersilie zubereitet, passt ein Apfelmus besonders gut dazu.

# Kartoffelpuffer

*Für 4 Personen*
*Zubereitungszeit: 30 Minuten*
*Bratzeit: 20 Minuten*

**Einkaufsliste/Zutaten**

1,5 kg fest kochende Kartoffeln
1 große Zwiebel
3 Eier
2 El Haferflocken
50 g Kartoffelstärke
Salz
Weißer Pfeffer aus der Mühle
Fett zum Ausbacken

**Garnierung**

Apfelmus

## Vorküche

Die Kartoffeln waschen, schälen und mit einer Küchenreibe in eine Schüssel reiben. Die Kartoffelmasse für kurze Zeit stehen lassen und die sich absetzende Flüssigkeit abschöpfen. In der Zwischenzeit die Zwiebel schälen, zu der Kartoffelmasse reiben, Eier, Haferflocken, Kartoffelstärke hinzufügen und alles gut mischen.

## Zubereitung

Den Kartoffelteig herzhaft mit Salz und Pfeffer würzen. Großzügig Fett in einer Pfanne erhitzen, den Teig mit einem Esslöffel in die Pfanne geben, etwas flach drücken und von beiden Seiten goldbraun braten.

## Servieren

Die Kartoffelpuffer portionsweise zubereiten und sofort heiß servieren. Als Beilage schmeckt eine Portion Apfelmus.

# Kartoffelsalat Emmentaler Art

*Für 4 Personen*
*Zubereitungszeit: 35 Minuten (ohne Wartezeit)*
*Kochzeit: 25–30 Minuten*

## Einkaufsliste/Zutaten

1 kg Kartoffeln
Salz
Weißer Pfeffer aus der Mühle
Muskatnuss
250 ml Bouillon
1 Tl Senf
2 El Weißweinessig
5 El Öl
1 gehackte Zwiebel
1 Bund Petersilie
1 Bund Schnittlauch

## Garnierung

2 hart gekochte, geviertelte Eier

### Vorküche

Die Kartoffeln waschen und in Salzwasser in 25–30 Minuten gar kochen. Nach Ende der Garzeit die Kartoffeln abgießen, ausdämpfen lassen, möglichst heiß pellen und in Scheiben schneiden.

### Zubereitung

Die Kartoffelscheiben in eine Schüssel geben und kräftig mit Salz, Pfeffer und Muskatnuss würzen. Die warme Bouillon darüber geben und so lange ziehen lassen, bis alles erkaltet ist. Senf, Essig, Öl und Zwiebel zu einer Marinade verrühren und unter die Kartoffeln heben. Petersilie und Schnittlauch gründlich waschen, trockentupfen und klein hacken. Über den Kartoffelsalat geben und vorsichtig unterheben.

### Servieren

Den Kartoffelsalat mit geviertelten, hart gekochten Eiern dekorieren und sofort servieren.

### Merkzettel

Für Kartoffelsalat gibt es eine Vielzahl von Rezepten, wobei jede Landfrau ihren eigenen Favoriten hat.

# Kartoffelsalat mit Dillspitzen

*Für 4 Personen*
*Zubereitungszeit: 45 Minuten (ohne Wartezeit)*
*Kochzeit: 25 Minuten*

## Einkaufsliste/Zutaten

1 kg fest kochende Kartoffeln
1 Tl Salz
3 Eier
2 Zwiebeln
1 kleine Salatgurke
3 Tl frische Dillspitzen
1 Bund Schnittlauch
250 ml Sahne
3 El Essig
Salz
Weißer Pfeffer aus der Mühle
1 Prise Zucker

## Garnierung

Schnittlauchröllchen

## Vorküche

Die Kartoffeln waschen und in der Schale 20 Minuten in Salzwasser kochen. Unter kaltem Wasser abschrecken und so heiß wie möglich schälen. Gut auskühlen lassen. Die Eier hart kochen, pellen, in Scheiben schneiden. Zwiebeln und Salatgurke schälen und fein würfeln. Dill und Schnittlauch waschen, recht fein hacken.

## Zubereitung

Die ausgekühlten Kartoffeln in Scheiben schneiden. Die Sahne etwas anschlagen, mit Essig säuern, mit Salz, Pfeffer und Zucker pikant abschmecken. Alle vorbereiteten Zutaten in eine Schüssel füllen, mit der Soße mischen und gut durchziehen lassen.

## Servieren

Servieren Sie den Kartoffelsalat mit einigen Schnittlauchröllchen bestreut. Dazu passen Brühwürstchen oder ein paniertes Kotelett.

## Merkzettel

Kartoffelsalat ist gut vorzubereiten. Er entfaltet sein ganzes Aroma, wenn er mindestens 2 Stunden ziehen kann.

# Kartoffelsalat mit Speck

*Für 4 Personen*
*Zubereitungszeit: 20 Minuten*
*Kochzeit: 30 Minuten*

**Einkaufsliste/Zutaten**

1 kg Kartoffeln
1 El Kümmel
100 g durchwachsener, fein gewürfelter Speck
2 fein gewürfelte Zwiebeln
2 El Öl
2 saure, fein gewürfelte Gurken
4 El fein gewiegte Petersilie
1 El Weißweinessig
2 El Gurkeneinmachsaft
Salz
Weißer Pfeffer aus der Mühle
1 Tl Zucker

**Garnierung**

Hart gekochte, grob gehackte Eier

### Vorküche

Die Kartoffeln waschen und mit dem Kümmel in einen Topf geben. So viel Wasser angießen, dass die Kartoffeln bedeckt sind. Aufkochen und bei mittlerer Hitze etwa 30 Minuten köcheln lassen. In dieser Zeit Speck und Zwiebeln in heißem Öl ausbraten.

### Zubereitung

Speck und Zwiebeln mit allen anderen Zutaten in eine Schüssel geben und gut vermischen. Die Kartoffeln abgießen und noch heiß pellen. In Scheiben schneiden und zu den anderen Zutaten in die Schüssel geben.
Alles gut miteinander vermischen und mit Zucker abschmecken.

### Servieren

Den Kartoffelsalat mit einem Stück gebratener Blutwurst und mit hart gekochten Eiern noch warm servieren.

### Merkzettel

Beim Kartoffelsalat hat jede Landfrau ihr so genanntes »Geheimrezept«. Man kann je nach Belieben gewürfelte Fleischwurst dazugeben.

# Kartoffelsuppe

*Für 4 Personen*
*Zubereitungszeit: 15 Minuten*
*Koch- & Bratzeit: 45 Minuten*

**Einkaufsliste/Zutaten**

750 g Kartoffeln
3 große Möhren
1 Zwiebel
1 Bund Petersilie
4 Siedewürstchen
60 g Butter
2 El Mehl
2 l Fleischbrühe
Salz
Weißer Pfeffer aus der Mühle
2 Scheiben Toastbrot

**Garnierung**

1 El gehackte Petersilie

### Vorküche

Die Kartoffeln und die Möhren putzen und würfeln, die Zwiebel fein schneiden und die Petersilie hacken. Anschließend die Siedewürstchen in mundgerechte Stücke schneiden.

### Zubereitung

Die Hälfte der Butter erhitzen und Zwiebel, Petersilie, Kartoffelwürfel und Möhren kurz anschwitzen. Das Mehl darüber stäuben, alles mit der Fleischbrühe ablöschen und etwa 40 Minuten köcheln lassen. Die Suppe durch ein Sieb passieren und mit Salz und Pfeffer würzen. Die in Stücke geschnittenen Siedewürstchen in die Suppe geben und warm ziehen lassen. Die Toastscheiben in Würfel schneiden und in der restlichen Butter anrösten.

### Servieren

Die Kartoffelsuppe mit den Toastwürfeln noch heiß servieren und jede Portion mit etwas Petersilie garnieren.

### Merkzettel

Möhren sollten möglichst sparsam abgeschabt werden, da die meisten Vitamine direkt an den Außenrändern sitzen.

# Kartoffel-Wirsing-Gratin mit Wurst

*Für 4 Personen*
*Zubereitungszeit: ca. 45 Minuten*
*Koch- & Backzeit: ca. 1 Stunde*

**Einkaufsliste/Zutaten**

750 g Kartoffeln
3 Regensburger Würste à ca. 80 g
750 g Wirsingkohl
1 Zwiebel
100 g geräucherter, durchwachsener Speck
200 ml Milch
350 ml Gemüsebrühe
1 El getrockneter Majoran
Salz
Pfeffer
250 ml Schlagsahne
1 El Mehl
1 El Tomatenmark
1 Tl Kümmel
Butter für die Form

**Garnierung**

Einige frische Thymianblättchen

### Vorküche

Die Kartoffeln schälen, waschen und in dünne Scheiben schneiden. Die Regensburger Würste aus der Haut pellen und in nicht zu dicke Scheiben schneiden. Die äußeren Blätter vom Wirsing abtrennen, halbieren, den Strunk entfernen, anschließend in feine Streifen schneiden. Zwiebel schälen und fein würfeln. Den Speck ebenfalls würfeln.

### Zubereitung

Die Kartoffel- und Wurstscheiben abwechselnd in eine gebutterte Auflaufform schichten. Milch, 100 ml Gemüsebrühe und Majoran verrühren, mit Salz und Pfeffer würzen und über das Gratin geben. Im auf 200 °C vorgeheizten Backofen etwa 50 Minuten backen. In dieser Zeit Speck und Zwiebel in einem Topf anbraten. Kohl zufügen und mitdünsten. 3 El Sahne und Mehl glatt rühren. Die restliche Sahne mit Tomatenmark und der restlichen Brühe verrühren, zum Wirsing geben und aufkochen lassen. Die Mehlsahne unterrühren. Den Kohl herzhaft mit Kümmel, Salz und Pfeffer würzen und 15–20 Minuten garen.

### Servieren

Auf jeden Teller Kartoffelgratin mit etwas Kohl anrichten. Mit frischen Thymianblättchen garnieren. Dazu passt ein kühles Weizenbier.

### Merkzettel

Das Kartoffelgratin gelingt besonders gut, wenn Sie mehlige Kartoffeln verwenden.

# Käse-Kartoffel-Auflauf

*Für 4 Personen*
*Zubereitungszeit: 25 Minuten*
*Koch- & Backzeit: 1 Stunde*

**Einkaufsliste/Zutaten**

1 kg Kartoffeln
Salz
4 Eiweiß
4 El Mehl
4 Eigelb
125 g geriebener Greyerzer
125 g geriebener Sbrinz
Muskatnuss
400 ml Milch
30 g Butter

**Garnierung**

Feldsalat

## Vorküche

Die Kartoffeln waschen, schälen und in Würfel schneiden. Salzwasser zum Kochen bringen und die Kartoffeln darin 20–30 Minuten garen. Die Eiweiße steif schlagen.

## Zubereitung

Kartoffeln abgießen, leicht ausdämpfen lassen und durch eine Kartoffelpresse drücken. In der Zwischenzeit Mehl, Eigelbe, Käse, etwas Salz und Muskatnuss sorgfältig mit der Milch verrühren. Die Kartoffelmasse zugeben und die geschlagenen Eiweiße unterheben. Eine Auflaufform ausbuttern, die Masse hineingeben und mit Butterflöckchen besetzen. Im leicht vorgewärmten Ofen langsam bei zunehmender Hitze etwa 30 Minuten backen.

## Servieren

Den Auflauf auf Tellern portionieren und als Beilage einen herzhaften Feldsalat reichen.

## Merkzettel

Bleiben von dem Auflauf Reste übrig, so kann man sie am nächsten Tag in einer Pfanne mit etwas Butter braten.

# Käserösti

*Für 4 Personen*
*Zubereitungszeit: 20 Minuten*
*Koch- & Bratzeit: 40 Minuten*

**Einkaufsliste/Zutaten**

1 kg gekochte Kartoffeln vom Vortag
1,5 El Butter
100 g Speckwürfel
1 in Scheiben geschnittene Zwiebel
Salz
60 g in Scheiben geschnittener Greyerzer

**Garnierung**

2 El fein gehackte Petersilie

## Vorküche

Die Kartoffeln waschen und am Vortag in Salzwasser in 20–25 Minuten garen.

## Zubereitung

Die Kartoffeln schälen und grob raspeln. Die Butter in einer Bratpfanne erhitzen, Kartoffeln, Speckwürfel und Zwiebelscheiben hineingeben und alles mit Salz würzen. Wenn sich auf der Rückseite eine Kruste gebildet hat, die Rösti wenden. Die Käsescheiben hinzufügen und mit geschlossenem Deckel fertig garen, bis der Käse zerlaufen und die Rösti goldbraun gebraten sind.

## Servieren

Die Rösti auf eine vorgewärmte Platte stürzen, mit Petersilie bestreuen und sofort servieren. Als Beilage schmeckt eine herzhafte Bratwurst.

## Merkzettel

Es gibt eine Vielzahl von Röstirezepten, und jede Landfrau hat ihr spezielles Rezept.

# Kerschdscher

## (Bratkartoffeln wie im Saarland gebraten)

*Für 4 Personen*
*Zubereitungszeit: 20 Minuten*
*Bratzeit: 25 Minuten*

### Einkaufsliste/Zutaten

1 kg Kartoffeln
4 El Butterschmalz
Salz
Pfeffer
½ Tl Paprikapulver

### Garnierung

2 Tomaten

## Vorküche

Die Kartoffeln schälen, waschen, in kleine Würfel schneiden und gut trockentupfen. Die Tomaten waschen, trockentupfen und vierteln.

## Zubereitung

In einer hohen Pfanne das Butterschmalz erhitzen und die Kartoffelwürfel darin kräftig anbraten. Mit Salz, Pfeffer und Paprikapulver würzen. Die Pfanne mit einem Deckel abdecken und alles bei kleiner Hitze etwa 15 Minuten garen lassen. Gelegentlich umrühren.

## Servieren

Kerschdscher auf flachen Tellern anrichten und mit den Tomatenvierteln garniert servieren.

## Merkzettel

Traditionell servieren die Landfrauen zu diesem Gericht kalte Buttermilch.

# Knall

## (Topfkuchen)

*Für 4 Personen*
*Zubereitungszeit: 30 Minuten*
*Koch- & Backzeit: 2 Stunden*

### Einkaufsliste/Zutaten

2 kg Kartoffeln
3 Zwiebeln
4 Eier
Salz
Weißer Pfeffer aus der Mühle
Öl
200 g durchwachsener,
in dünne Scheiben geschnittener Speck
Butter

### Garnierung

Gebratene Speckwürfel

### Vorküche

Die Kartoffeln schälen, waschen und auf der Küchenreibe fein reiben. In ein Leinentuch geben und gut ausdrücken. Das ausgetretene Kartoffelwasser auffangen. Warten, bis sich die Stärke am Boden abgesetzt hat, das Wasser abgießen und die Stärke zur Kartoffelmasse geben. Die Zwiebeln fein würfeln, zur Kartoffelmasse geben, mit den Eiern vermischen und mit Salz und Pfeffer herzhaft abschmecken.

### Zubereitung

Eine große, hohe Auflaufform mit Öl auspinseln.
Eine Lage Speckscheiben auf dem Boden verteilen. Darauf eine Lage Kartoffelmasse einfüllen und so fortfahren, bis alle Zutaten aufgebraucht sind. Butterflöckchen auf den Auflauf setzen.
Im auf 200 °C vorgeheizten Backofen etwa 2 Stunden backen.
Sollte die Oberfläche zu braun werden, mit Alufolie abdecken.

### Servieren

Zum Servieren den Knall in Scheiben schneiden und mit gebratenen Speckwürfeln garnieren. Zu dieser Spezialität passen ein grüner Salat oder selbst gemachtes Apfelkompott.

### Merkzettel

Bleiben von dem Knall Reste übrig, so kann man sie am nächsten Tag in Scheiben geschnitten in der Pfanne braten.

# Kutscherschmaus

## (Leber-, Bratwurst und Kartoffeln)

*Für 4 Personen*
*Zubereitungszeit: 30 Minuten*
*Koch- & Bratzeit: 45 Minuten*

### Einkaufsliste/Zutaten

500 g Kartoffeln
150 g Möhren
150 g grüne Erbsen (TK)
250 ml Milch
50 g Butter
Salz
Muskatnuss

4 Leberwürste
4 Bratwürste
3 El Öl

### Garnierung

25 g Petersilie
½ Bund Schnittlauch

### Vorküche

Die Kartoffeln und die Möhren schälen und grob würfeln. Die Petersilie gut waschen, trockenschütteln und fein hacken. Schnittlauch waschen, abtropfen lassen und in kleine Röllchen schneiden.

### Zubereitung

Die Kartoffeln, Möhren und die Erbsen gar kochen. Alles mit dem Handmixer pürieren und mit der Milch und der Butter verrühren. Mit Salz und Muskatnuss abschmecken. Die Leberwürste erwärmen und die Bratwürste in heißem Öl braten. Das Püree auf einer Platte anrichten und die Würste darauf legen.

### Servieren

Mit Petersilie und Schnittlauch bestreuen und sofort servieren.

### Merkzettel

Zu diesem deftigen Essen passt eine gut gekühlte Molle (Bier).

# L

# Laucheintopf mit Kartoffeln

*Für 4 Personen*
*Zubereitungszeit: 20 Minuten*
*Koch- & Bratzeit: 30 Minuten*

## Einkaufsliste/Zutaten

750 g Lauch
6 große Kartoffeln
1 Zwiebel
40 g Margarine
¾ l Fleischbrühe
Salz
Weißer Pfeffer aus der Mühle
Muskatnuss
300 g Fleischwurst

## Garnierung

4 geröstete Weißbrotscheiben

## Vorküche

Den Lauch putzen, die dicken grünen Blätter entfernen, alles in Ringe schneiden, waschen und abtropfen lassen. Die Kartoffeln waschen, schälen und in Würfel schneiden. Die Zwiebel schälen und würfeln.

## Zubereitung

Das Fett in einem Topf erhitzen und die Zwiebelstücke glasig andüsten. Lauchringe und Kartoffeln zugeben und ebenfalls anschwitzen. Die Fleischbrühe angießen und mit Salz, Pfeffer und Muskatnuss würzen. Die Suppe bei mäßiger Hitze etwa 25 Minuten köcheln lassen. In der Zwischenzeit die Fleischwurst mit einer Gabel mehrmals einstechen und 10 Minuten vor Ende der Garzeit in der Suppe erwärmen.

## Servieren

Die Wurst herausnehmen, in Scheiben schneiden, auf vorgewärmte Suppenteller geben, mit der Suppe übergießen und mit den gerösteten Weißbrotscheiben servieren.

## Merkzettel

Lauch muss besonders sorgfältig gewaschen werden, da sich zwischen den einzelnen Blattlagen gerne Sand absetzt.

# Lyoner-Kartoffel-Auflauf

*Für 4 Personen*
*Zubereitungszeit: 35 Minuten*
*Koch- & Backzeit: 55 Minuten*

**Einkaufsliste/Zutaten**

1 kg Kartoffeln
100 g roher Schinken
1 Zwiebel
1 Lauchstange
1 Ring Lyoner Wurst
½ El Butterschmalz
Etwas Butter zum Einfetten der Auflaufform
4 Eier
200 ml Sahne
Salz
Pfeffer
Muskatnuss
200 g geriebener Käse
(z. B. Gouda, Emmentaler)
40 g Butterflöckchen

**Garnierung**

1 El gehackte Petersilie

## Vorküche

Kartoffeln waschen und mit der Schale etwa 25 Minuten gar kochen. Abgießen, kalt überspülen, pellen, abkühlen lassen und in feine Scheiben schneiden. Den Schinken in kleine Würfel schneiden. Die Zwiebel schälen und ebenfalls würfeln. Die Lauchstange von den äußeren Blättern befreien, waschen und in feine Ringe schneiden. Die Lyoner Wurst pellen und in Scheiben schneiden. Den Backofen auf 200 °C vorheizen.

## Zubereitung

In einer Pfanne das Butterschmalz erhitzen und die Schinken- und Zwiebelwürfel darin anbraten. Die Lauchringe dazugeben und alles etwa 5 Minuten dünsten lassen. Dabei immer wieder umrühren. Eine Auflaufform mit Butter einfetten. Eine Lage Kartoffeln auf dem Auflaufboden verteilen, einen Teil Lauch darauf geben, mit den Wurstscheiben abschließen. So fortfahren, bis alle Zutaten verbraucht sind. Die letzte Schicht sollte aus Kartoffeln bestehen.
Die Eier aufschlagen, mit Sahne, Salz, Pfeffer und Muskatnuss gut verquirlen und über den Auflauf gießen. Den Käse darüber streuen und die Butter als Flöckchen darauf verteilen. Im Backofen ca. 30–35 Minuten goldgelb backen.

## Servieren

Den Lyoner-Kartoffel-Auflauf mit Petersilie garnieren, in der Auflaufform zu Tisch bringen und mit einem kühlen Bier servieren.

# M

# Motten und Klöße

## (Motten sind in Mittelhessen nichts anderes als Möhren)

*Für 4 Personen*
*Zubereitungszeit: 30 Minuten (ohne Wartezeit)*
*Koch- & Bratzeit: 60–70 Minuten*

### Einkaufsliste/Zutaten

1 kg Kartoffeln
750 g Schweinenacken
Salz
1 kg Möhren
2 altbackene Brötchen
Etwas Milch
2 El Schweineschmalz
2 Zwiebeln
Pfeffer
2 Eier
Geriebene Muskatnuss
Eventuell etwas Mehl
1 Bund Petersilie

### Garnierung

Etwas gehackte Petersilie

## Vorküche

Am Vorabend die Kartoffeln mit Schale in etwa 20 Minuten gar kochen. Abgießen, pellen und beiseite stellen. Den Schweinenacken vom Knochen lösen und das Fleisch in mundgerechte, ca. 2 cm große Stücke schneiden. Den Knochen in 1 l gesalzenem Wasser 30 Minuten kochen. Die Brühe anschließend durch ein Sieb geben. Die Möhren putzen, in grobe Stifte schneiden und fein würfeln. Die Brötchen in der Milch einweichen.

## Zubereitung

Das Schmalz in einem Topf zerlassen, die Zwiebeln hacken und darin glasig dünsten. Das Fleisch zugeben und kurz mitbraten, dann die Möhren hinzufügen. Von der Fleischbrühe so viel angießen, dass alles knapp bedeckt ist. Mit Salz und Pfeffer abschmecken und bei kleiner Hitze ca. 30 Minuten abgedeckt garen lassen. Verdampfte Flüssigkeit nach und nach mit der Fleischbrühe ersetzen. Für die Klöße die Kartoffeln fein reiben und mit den Eiern und den ausgedrückten Brötchen einen glatten Teig kneten, dabei mit Salz, Pfeffer und Muskatnuss würzen. Sollte der Teig kleben, kann etwas Mehl hinzugefügt werden. Mit nassen Händen nach Belieben große Klöße formen (maximal 8 Stück). Die gehackte Petersilie unter die Möhren mischen und die Klöße obenauf legen. Diese etwa 15 Minuten bei geschlossenem Topf ziehen lassen, bis sie gar sind.

## Servieren

In einer großen Schüssel mit den Klößen obenauf anrichten und die Petersilie darüber streuen.

# Münsterländer Plaaten in de Pann

## (Kartoffel-Bratwurst-Pfanne)

*Für 4 Personen*
*Zubereitungszeit: 30 Minuten*
*Kochzeit: 30 Minuten*

### Einkaufsliste/Zutaten

1 kg Kartoffeln
4 grobe Bratwürste
2 El Mehl
1 El Butterschmalz
Salz
1 Tl getrockneter Majoran
150 ml Sahne
1 großes Bund glatte Petersilie

### Garnierung

Gehackte Petersilie

### Vorküche

Die Kartoffeln schälen und in dünne Scheiben schneiden.
Die Bratwürste nass machen und im Mehl wenden.

### Zubereitung

In einer großen, sehr dicht schließenden Bratpfanne das Butterschmalz erhitzen. Darin die Bratwürste anbraten, bis sie rundherum eine braune Farbe haben. Nun die Kartoffelscheiben auf den Bratwürsten aufschichten. Salzen und den getrockneten Majoran zwischen den Händen zerreiben und über die Kartoffeln streuen. Zum Schluss die Sahne angießen. Den Deckel auflegen und für eine halbe Stunde bei mittlerer Hitze garen.

### Servieren

Servieren Sie den Plaaten mit Petersilie bestreut und mit Feldsalat in Specksoße.

# *O*

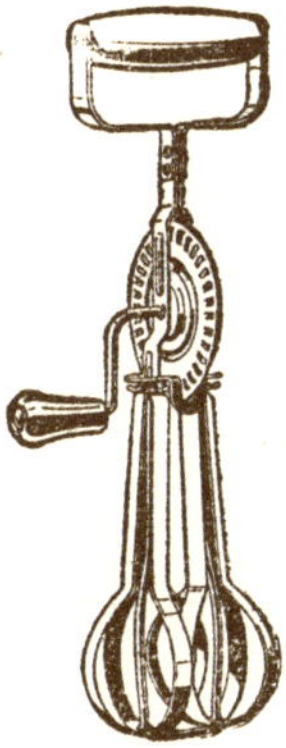

# Ostfriesische Kartoffelsuppe

*Für 4 Personen*
*Zubereitungszeit: 25 Minuten*
*Koch- & Bratzeit: 45 Minuten*

## Einkaufsliste/Zutaten

1 kg mehlig kochende Kartoffeln
3 Möhren
¼ Sellerieknolle
5 Zwiebeln
1 Lauchstange
200 g magerer Speck
½ Bund Petersilie
2 El Butterschmalz
Salz
Schwarzer Pfeffer aus der Mühle
500 g gepulter Granat (Sand- oder Nordseegarnele)

## Vorküche

Die Kartoffeln, Möhren und Sellerie schälen, waschen und in Würfel schneiden. Die Zwiebeln schälen und in kleine Würfel schneiden. Die Lauchstange von den äußeren Blättern befreien, waschen und in feine Ringe schneiden. Den Speck ebenfalls würfeln. Die Petersilie gut waschen, trockenschütteln und fein hacken.

## Zubereitung

Speck und Zwiebeln in einem Topf mit heißem Butterschmalz goldgelb braten. Mit etwa 1 l Wasser ablöschen und die Kartoffeln und das Gemüse in den Topf geben, salzen und etwa 30–40 Minuten kochen lassen. Nach der Garzeit durch ein Sieb passieren (oder mit dem Pürierstab pürieren) und mit etwas Pfeffer abschmecken. Den Granat in die Teller verteilen und die Suppe darüber geben. Mit frisch gehackter Petersilie bestreuen.

## Servieren

Servieren Sie die Ostfriesische Kartoffelsuppe mit einem frischen Pils oder einem trockenen Weißwein.

## Merkzettel

Wenn Sie mit geräuchertem Speck kochen, beim Würzen immer vorsichtig mit dem Salz sein.

# P

# Pellkartoffeln mit Schnittlauchquark

*Für 4 Personen*
*Zubereitungszeit: 20 Minuten*
*Kochzeit: 25 Minuten*

**Einkaufsliste/Zutaten**

1 kg Kartoffeln
Salz
2 El Kümmel

***Für den Schnittlauchquark***

500 g Quark
125 ml Buttermilch
3 Schalotten
Saft von 1 Zitrone
Muskatnuss
Salz
Weißer Pfeffer aus der Mühle
Zucker
2 Bund Schnittlauch

**Garnierung**

4 in Scheiben geschnittene Radieschen

### Vorküche

Die Kartoffeln unter fließendem Wasser gründlich abwaschen und in einen Topf mit Salzwasser geben, den Kümmel zugeben und in 25 Minuten bissfest garen.

### Zubereitung

In der Zwischenzeit den Quark mit der Buttermilch glatt rühren. Die Schalotten schälen, möglichst fein hacken, mit dem Zitronensaft zu dem Quark geben, mit Muskatnuss, Salz, Pfeffer und Zucker würzen und alle Zutaten sorgfältig miteinander mischen.
Den Schnittlauch unter fließendem Wasser abwaschen, abtrocknen und in feine Ringe schneiden. Zu dem Quark geben und unterheben.

### Servieren

Die Kartoffeln abgießen, kurz ausdämpfen lassen und portionsweise auf Tellern anrichten. Mit den Radieschenscheiben garnieren und den Schnittlauchquark separat dazu reichen.

### Merkzettel

Kartoffeln sind wasserreich, kalorienarm und zu Unrecht als Dickmacher verschrien.

# Pfälzer Kartoffelsuppe

*Für 4 Personen*
*Zubereitungszeit: 25 Minuten*
*Koch- & Bratzeit: 35 Minuten*

**Einkaufsliste/Zutaten**

1,5 kg Kartoffeln
1 Stange Lauch
¼ Sellerieknolle
1 Möhre
2 l Fleischbrühe
4 Mettwürstchen
250 ml süße Sahne
Salz
Weißer Pfeffer aus der Mühle
1 Zwiebel
2 El Butter

**Garnierung**

2 Scheiben Weißbrot

### Vorküche

Die Kartoffeln waschen, schälen und würfeln. Lauch, Sellerie und Möhre putzen und in Würfel schneiden.

### Zubereitung

Kartoffeln und Gemüse in die Fleischbrühe geben und alles 30 Minuten garen. 10 Minuten vor Ende der Garzeit die Mettwürste zugeben und erhitzen. Die Sahne zugeben und die Suppe mit Salz und Pfeffer abschmecken. Die Würstchen aus der Suppe nehmen, warm stellen und die Suppe mit einem Mixer pürieren. Die Zwiebel schälen, klein hacken, das Weißbrot würfeln und in Butter mit den Zwiebeln goldgelb rösten.

### Servieren

Die Suppe in eine vorgewärmte Suppenterrine geben, die Mettwürstchen zugeben und die Weißbrotwürfel mit den Zwiebeln auf die Suppe geben.

### Merkzettel

Angeschnittener Sellerie behält seine weiße Farbe, wenn man die Schnittfläche mit etwas Zitronensaft beträufelt.

# Potsdamer Kartoffelauflauf

*Für 4 Personen*
*Zubereitungszeit: 20 Minuten*
*Koch- & Backzeit: 70 Minuten*

## Einkaufsliste/Zutaten

800 g mehlig kochende Kartoffeln
2 Äpfel (Boskop)
2 Bund Schnittlauch
40 g Butter
2 El Paniermehl
Salz
Pfeffer
Muskatnuss
250 ml Vollmilchjoghurt
3 Eier
250 ml süße Sahne
100 g geriebener Käse (Gouda, Edamer)
5 El Apfelessig
1 Tl Senf
1 Prise Zucker
4 El Öl

## Garnierung

Einige Petersilienblättchen

## Vorküche

Die Kartoffeln schälen, waschen und in dünne Scheiben schneiden. Die Äpfel schälen, waschen, das Kerngehäuse entfernen und ebenfalls in Scheiben schneiden. Schnittlauch waschen, trockenschütteln und in kleine Röllchen schneiden. Den Backofen auf 160 °C vorheizen.

## Zubereitung

Eine Auflaufform mit Butter auspinseln und mit dem Paniermehl bestreuen. Die Kartoffel- und Apfelscheiben schichtweise einfüllen. Jede Lage leicht mit Salz, Pfeffer und Muskatnuss würzen.

Joghurt, Eier und Sahne gut verquirlen und die Hälfte des Käses und des Schnittlauchs unterrühren. Gut würzen und über die Kartoffel-Apfel-Schichten geben, den restlichen Käse darüber streuen und den Auflauf in den Backofen schieben. 60–70 Minuten backen lassen. Zwischenzeitlich aus Essig, Senf, Salz, Zucker und Pfeffer mit einem Mixstab ein Dressing zubereiten. Öl und restliche Schnittlauchröllchen unterrühren.

## Servieren

Servieren Sie den Auflauf mit Petersilienblättchen garniert in der Form und reichen Sie die Soße separat dazu.

## Merkzettel

Reste können am nächsten Tag in Scheiben geschnitten und in der Pfanne gebraten werden.

# Prager Kartoffelsuppe

*Für 4 Personen*
*Zubereitungszeit: 25 Minuten*
*Kochzeit: 45 Minuten*

**Einkaufsliste/Zutaten**

500 g Kartoffeln
1,5 l Fleischbrühe
1 Bund Suppengrün
Kümmel
Majoran
50 g Butter
1 Zwiebel
1 Knoblauchzehe
30 g Mehl
20 g getrocknete Steinpilze
Salz
Weißer Pfeffer aus der Mühle
250 ml saure Sahne
1 Eigelb

**Garnierung**

Petersilienblättchen

### Vorküche

Die Kartoffeln waschen, schälen, in Würfel schneiden und mit der Fleischbrühe aufsetzen. Das Suppengrün putzen, klein schneiden, in die Suppe geben und mit Kümmel und Majoran würzen.

### Zubereitung

In der Zwischenzeit die Butter erhitzen und die in Würfeln geschnittene Zwiebel sowie die zerdrückte Knoblauchzehe darin glasig anschwitzen. Das Mehl einrühren und kurz durchrösten. Die Kartoffelsuppe durch ein Sieb streichen und einen kleinen Teil vom Gemüse und den Kartoffelwürfeln zurücklassen. Die Mehlschwitze mit der Suppe aufgießen, die eingeweichten Steinpilze zugeben und alles etwa 15 Minuten köcheln lassen. Die Suppe weitere 30 Minuten köcheln lassen und die restlichen Kartoffelwürfel und das Gemüse zugeben. Die Suppe mit Salz und Pfeffer abschmecken. Die saure Sahne mit dem Eigelb verrühren und die Suppe damit legieren.

### Servieren

Die Suppe in vorgewärmte Suppenteller verteilen, mit Petersilienblättchen bestreuen und noch heiß servieren.

### Merkzettel

Steinpilze haben einen leicht nussigen Geschmack und gedeihen von Juli bis Oktober. Sie gehören neben Trüffeln und Pfifferlingen zu den Edelpilzen.

# R

# Riematze

## (Kartoffelauflauf mit Quark)

*Für 4 Personen*
*Zubereitungszeit: 20 Minuten*
*Brat- & Backzeit: 1 Stunde*

### Einkaufsliste/Zutaten

2 kg Kartoffeln
2 dicke Zwiebeln
200 g Bauchspeck
2 Eier
200 g Quark
3–4 El Mehl
Salz
2 El Öl

### Garnierung

Apfelkompott

### Vorküche

Die Kartoffeln und Zwiebeln schälen.
Den Speck in kleine Würfel schneiden.

### Zubereitung

Die rohen Kartoffeln und die Zwiebeln reiben und in einem feinen Sieb abtropfen lassen. Die Masse mit den Eiern, dem Quark und dem Mehl gut vermengen und mit Salz abschmecken. Den gewürfelten Speck in ein wenig Öl auslassen. Die Hälfte des ausgelassenen Specks beiseite legen. Den anderen Teil mit dem Öl in eine große Auflaufform geben und den Teig darauf verteilen. Die Oberfläche mit dem restlichen Öl bestreichen und bei 200 °C etwa 50–60 Minuten braun backen.
10 Minuten vor Ende der Garzeit die beiseite gestellten Speckwürfel darüber streuen und mit erhitzen.

### Servieren

Heiß und knusprig braun sollte der Riematze sofort auf den Tisch kommen und in große Stücke zerteilt werden.
Dazu schmeckt süßer Apfelkompott.

### Merkzettel

Der Riematze wird mit Unter- und Oberhitze gebacken, sodass er von allen Seiten knusprig braun wird.

# Rievkoche

## (Reibekuchen)

*Für 4 Personen*
*Zubereitungszeit: 30 Minuten*
*Koch- & Bratzeit: 10 Minuten*

### Einkaufsliste/Zutaten

1 kg Kartoffeln (je 500 g mehlig und 500 g fest kochend)
1 Zwiebel
2 Eier
Salz
Frisch geriebene Muskatnuss
Kartoffelstärke
Neutrales Öl zum Ausbacken

### Garnierung

Apfelmus

### Vorküche

Kartoffeln und Zwiebel schälen, waschen und auf der Küchenreibe in eine Schüssel reiben. Die Kartoffel-Zwiebel-Masse etwas ausdrücken. Eier, Salz und Muskatnuss zufügen und gut vermischen. Wenn der Teig zu flüssig ist, mit Kartoffelstärke etwas abbinden.

### Zubereitung

Reichlich Öl in einer großen Pfanne erhitzen. Pro Reibekuchen einen guten Esslöffel Teig in das heiße Fett geben, flachdrücken und von beiden Seiten goldgelb ausbraten.

### Servieren

Die Reibekuchen auf Küchenpapier abtropfen lassen und so heiß wie möglich servieren. Dazu passen Apfelmus und eine Scheibe Schwarzbrot.

### Merkzettel

Wer es besonders süß mag, kann seinen Reibekuchen mit Rübenkraut bestreichen.

# S

# Sahnige Kartoffelsuppe

*Für 4 Personen*
*Zubereitungszeit: 20 Minuten*
*Koch- & Bratzeit: 20–25 Minuten*

**Einkaufsliste/Zutaten**

500 g mehlig kochende Kartoffeln
2 mittelgroße Zwiebeln
2 Bund Brunnenkresse
3 El Butter
1,25 l Fleischbrühe
Salz
2 Eier
200 ml Schlagsahne

**Garnierung**

Brunnenkresseblättchen

**Vorküche**

Die Kartoffeln schälen, waschen und würfeln.
Die Zwiebeln schälen und fein hacken.
Die Brunnenkresse waschen. Die Blätter von
den Stielen abschneiden und beiseite stellen.

**Zubereitung**

Die Butter in einem Topf erhitzen und die Zwiebeln mit
den Kressestielen darin andünsten.
Die Kartoffelstücke dazugeben und mit der Brühe
aufgießen, zum Kochen bringen und in etwa
20 Minuten gar kochen. Mit Salz abschmecken
und mit einem Pürierstab pürieren.
Die Eier mit der Sahne verquirlen und zur Suppe geben.
Kurz erwärmen aber nicht mehr kochen lassen.

**Servieren**

Die Suppe auf tiefe Teller füllen und mit den
Brunnenkresseblättchen bestreut servieren.

**Merkzettel**

Auch Speckwürfel passen zu dieser Suppe.
Wenn man die Fleischbrühe allerdings durch Gemüsebrühe ersetzt,
ist sie ein rein vegetarisches Gericht.

# Salzekuchen

## (Kartoffelauflauf auf Brotteig)

*Für 4 Personen*
*Zubereitungszeit: 20 Minuten (ohne Wartezeit)*
*Koch-, Brat- & Backzeit: 65 Minuten*

**Einkaufsliste/Zutaten**

250 g durchwachsener Speck
500 g Zwiebeln
750 g Kartoffeln
250 ml Öl
125 ml Milch
350 g Quark
3 Eier
200 g Sauerrahm
Salz
Pfeffer
Petersilie
750 g Brotteig
(beim Bäcker erhältlich)

### Vorküche

Den Speck und die Zwiebeln würfeln.
Die Kartoffeln schälen und kochen.

### Zubereitung

Den Speck auslassen, das Öl dazugeben und die Zwiebeln darin glasig dünsten. Die frisch gekochten Kartoffeln zusammen mit der heißen Milch pürieren. Nach und nach den Quark, 2 Eier, die Hälfte des Rahms, die gedünsteten Zwiebeln mit Öl und Speck in die Kartoffelmasse einrühren. Zum Schluss mit Salz und Pfeffer abschmecken und klein gehackte Petersilie unterziehen.
Ein Backblech mit Öl bestreichen und den Brotteig darauf gleichmäßig ausrollen. Die Kartoffelmasse darauf verteilen.
Das restliche Ei mit dem restlichen Sauerrahm verquirlen und über den Kuchen streichen. Den Salzekuchen bei gleichmäßiger Wärme noch etwas gehen lassen, dann bei 200 °C ca. 40 Minuten backen.

### Servieren

Der Salzekuchen wird heiß serviert. In Hessen trinkt man Bohnenkaffee dazu.

### Merkzettel

Man kann den Kuchen vor dem Backen zusätzlich mit gewürfeltem Speck bestreuen.

# Schusterkartoffeln

*Für 4 Personen*
*Zubereitungszeit: 15 Minuten*
*Koch- & Bratzeit: 25 Minuten*

## Einkaufsliste/Zutaten

1 kg Kartoffeln
1 El Öl
1 El Butter
2 gehackte Schalotten
75 g gewürfelter, durchwachsener Speck
Salz
Weißer Pfeffer aus der Mühle

## Garnierung

1 El gehackte Petersilie

### Vorküche

Die Kartoffeln waschen, schälen, in Scheiben schneiden und mit Wasser bedeckt etwa 10 Minuten köcheln lassen.

### Zubereitung

Die Kartoffeln abgießen und abtropfen lassen. Das Öl und die Butter in einer Pfanne erhitzen, Schalotten und Speck zugeben und glasig anschwitzen. Die Kartoffeln dazugeben, kräftig anbraten, mit Salz und Pfeffer würzen und alles miteinander vermischen.

### Servieren

Die Schusterkartoffeln auf vorgewärmten Tellern anrichten, mit Petersilie bestreuen und mit einer Scheibe Fleischkäse noch heiß servieren.

### Merkzettel

Zur Verfeinerung kann man pro Person noch ein Ei unter die Kartoffeln ziehen und stocken lassen.

# Seidenklöße

*Für 4 Personen*
*Zubereitungszeit: 50 Minuten*
*Kochzeit: 45 Minuten*

**Einkaufsliste/Zutaten**
1 kg mehlig kochende Kartoffeln
200 g Kartoffelmehl
Salz
250 ml Milch

**Garnierung**
1 El Butter

### Vorküche

Die Kartoffeln waschen und mit der Schale gar kochen. Noch heiß pellen und durch die Kartoffelpresse drücken. In einer Schüssel mit Kartoffelmehl und Salz vermischen.

### Zubereitung

Die Milch in einem Topf erhitzen. Die heiße Milch über die Kartoffelmasse geben, mit dem Kartoffelstampfer durchstampfen. Anschließend mit den Händen zu einem Teig verarbeiten. Den Teig portionsweise zu 8–10 Klößen formen. Dabei die Hände immer wieder in kaltes Wasser tauchen. In einem großen Topf Salzwasser zum Kochen bringen und die Klöße darin bei geöffnetem Deckel etwa 20 Minuten ziehen lassen. Steigen die Klöße nach oben und drehen sich um sich selbst, sind sie gar. Mit dem Schaumlöffel aus dem Wasser nehmen und in eine Schüssel geben.

### Servieren

Die Seidenklöße vor dem Servieren mit Butterflöckchen belegen.

### Merkzettel

Für Kartoffelklöße immer mehlig kochende Kartoffeln nehmen. Ist der Teig zu weich, kann man das mit Kartoffelstärke ausgleichen.

# Semmelknödel mit Pfifferlingen

*Für 4 Personen*
*Zubereitungszeit: 1 Stunde*
*Kochzeit: 45 Minuten*

**Einkaufsliste/Zutaten**

***Für die Semmelknödel***
10 Semmeln vom Vortag
½ Tl Salz
250 ml lauwarme Milch
1 Zwiebel
1 El Butter
1 Bund Petersilie
3 Eier

***Für die Pfifferlinge***
1 kg Pfifferlinge
1 Zwiebel
1 Bund Petersilie
1 El Butter
3 El Mehl
750 ml Gemüsebrühe
250 ml Sahne
Salz
Schwarzer Pfeffer aus der Mühle

**Garnierung**
Einige Petersilienblättchen

## Vorküche

Für die Knödel die Semmeln in dünne Scheiben schneiden. In eine Schüssel legen, salzen und mit lauwarmer Milch übergießen. Die Zwiebel schälen, fein würfeln und in der Butter andünsten. Petersilie fein hacken, mit den Eiern und der gedünsteten Zwiebel zu den Semmeln geben und alles gut vermischen. Die Pfifferlinge mit einem Bürstchen säubern, die Stielenden abschneiden und große Pilze teilen. Die Zwiebel schälen und fein würfeln. Die Petersilie grob hacken.

## Zubereitung

Einen großen Topf mit Salzwasser zum Kochen bringen. Mit nassen Händen aus dem Teig Knödel formen und in das Wasser geben. Die Hitze reduzieren und die Knödel 25 Minuten im Wasser ziehen lassen. Für die Pfifferlinge die Zwiebel in der Butter dünsten und die vorbereiteten Pilze dazugeben. Mit Mehl überstäuben, gut verrühren und die Brühe angießen. Einmal aufkochen lassen, die Sahne dazugießen und die gehackte Petersilie unterrühren. Mit Salz und Pfeffer abschmecken.

## Servieren

Servieren Sie das Gericht in Suppentellern. Geben Sie zuerst von der Pilzsoße in den Teller und setzen Sie den Semmelknödel in die Mitte. Mit Petersilie garniert zu Tisch bringen.

## Merkzettel

Sie können statt der Pfifferlinge auch Steinpilze, Champignons oder andere Pilze verwenden.

# Serviettenknödel

*Für 4 Personen*
*Zubereitungszeit: ca. 30 Minuten (ohne Wartezeit)*
*Kochzeit: 50–60 Minuten*

**Einkaufsliste/Zutaten**

9 Brötchen vom Vortag
60 g Butter
300 ml Milch
3 Eier
Salz
2–3 El Mehl
Butter zum Bestreichen

**Garnierung**

Petersilienblättchen

### Vorküche

6 Brötchen in kleine Würfel schneiden und in einer Pfanne mit heißer Butter goldgelb rösten. Die restlichen Brötchen in dünne Scheiben schneiden. Die Milch mit Eiern, Salz und Mehl verquirlen, über die Brötchenscheiben gießen und alles zu einem lockeren Teig verrühren. Die gerösteten Brötchenwürfel dazugeben und alles gut vermischen. Den Teig etwa 30 Minuten ruhen lassen.

### Zubereitung

Etwa 3–4 l Salzwasser zu Kochen bringen. In der Zwischenzeit den Teig mit feuchten Händen zu einer großen, länglichen Rolle formen. In eine feuchte, mit Butter bestrichene Leinenserviette locker (damit die Masse während des Kochens noch aufgehen kann) einwickeln. An beiden Seiten mit einem Bindfaden verschließen. Den Serviettenknödel in das kochende Wasser legen und 50–60 Minuten bei mittlerer Hitze gar ziehen lassen. Den Serviettenknödel aus dem Wasser nehmen, abschrecken und vorsichtig aus der Serviette nehmen.

### Servieren

Den Serviettenknödel in dicke Scheiben schneiden, mit Petersilie bestreuen und sofort servieren.

### Merkzettel

Sie können dem Teig auch frische gehackte Petersilie und Muskatnuss untermischen.

# Spandauer Pellkartoffeln

*Für 4 Personen*
*Zubereitungszeit: 15 Minuten*
*Kochzeit: 30 Minuten*

**Einkaufsliste/Zutaten**

1 kg Kartoffeln
2 Zwiebeln
1 Bund Schnittlauch
500 g Quark
3 El süße Sahne
Salz
Pfeffer
Kümmel
3 El Leinöl

**Garnierung**

Einige Schnittlauchröllchen

## Vorküche

Die Kartoffeln waschen und in der Schale weich kochen.
Zwiebeln schälen und in feine Würfel schneiden. Den Schnittlauch waschen, trocknen und in kleine Röllchen schneiden.

## Zubereitung

Den Quark in eine Schüssel geben und mit der Sahne kräftig verrühren.
Zwiebeln und Schnittlauch untermischen, dabei einige Schnittlauchröllchen für die Garnitur beiseite legen.
Mit Salz, Pfeffer und Kümmel abschmecken.

## Servieren

Zum Servieren den Quark in einen tiefen Teller füllen und in die Mitte eine Mulde drücken. Das Leinöl in diese Mulde füllen und mit den gepellten Kartoffeln reichen.

## Merkzettel

Das hochwertige Leinöl dient von alters her als wichtiges Speiseöl.
Pellkartoffeln schmecken erst richtig aromatisch, wenn sie mit Leinöl angerichtet werden.

# Speckknödel

*Für 4 Personen*
*Zubereitungszeit: ca. 35 Minuten (ohne Wartezeit)*
*Kochzeit: 12–15 Minuten*

## Einkaufsliste/Zutaten

400 g magerer Speck
6 Brötchen vom Vortag
3 Eier
125 ml Milch
1 El weiche Butter
2 El Mehl
3 El gehackte Petersilie
Salz
Weißer Pfeffer aus der Mühle

### Garnierung

2 El gehackte Petersilie

## Vorküche

Den Speck in kleine Würfel schneiden. Die Brötchen in kleine Stücke schneiden. Den Speck in einer Pfanne ausbraten und abkühlen lassen. Mit den Brötchenstücken in eine Schüssel geben und mischen. Einige Speckwürfel beiseite stellen. Die Eier mit der Milch verquirlen. Mit Butter, Mehl und Petersilie in die Schüssel mit den Brötchen geben und alles gut vermischen. Etwa 20 Minuten ziehen lassen.

## Zubereitung

In einem großen Topf reichlich Salzwasser zum Kochen bringen. Mit feuchten Händen 8 gleich große Knödel formen und in das kochende Wasser geben. Die Hitze reduzieren und die Knödel 12–15 Minuten ziehen lassen. Herausnehmen und abtropfen lassen.

## Servieren

Die Knödel in eine Schüssel füllen und mit der restlichen Petersilie und den Speckwürfeln bestreuen. Dazu einen grünen Salat servieren.

## Merkzettel

Wenn Sie den Speck weglassen, können Sie die Knödel auch als Beilage zu Fleischgerichten mit Soße servieren.

# T

# Thüringer Kartoffelpuffer

*Für 4 Personen*
*Zubereitungszeit: 45 Minuten*
*Koch- & Backzeit: 40 Minuten*

**Einkaufsliste/Zutaten**

1,5 kg mehlig kochende Kartoffeln
2 Eier
Salz
Muskatnuss
100 ml saure Sahne
4 El Butterschmalz

**Garnierung**

Schwarzbrot mit Butter

### Vorküche

Die Kartoffeln waschen und 500 g mit der Schale gar kochen, heiß pellen und durch die Kartoffelpresse drücken. Die restlichen Kartoffeln schälen, waschen, reiben, mit den gekochten Kartoffeln in eine Schüssel füllen und mit Eiern, Salz, Muskatnuss und der Sahne vermengen.

### Zubereitung

In einer Pfanne das Butterschmalz erhitzen und portionsweise die Kartoffelpuffer ausbacken.

### Servieren

Servieren Sie die heißen Kartoffelpuffer mit Schwarzbrot und Butter. Ein Klarer darf hier nicht fehlen.

### Merkzettel

Anstelle von Butterschmalz kann auch Öl zum Ausbraten verwendet werden.

# Thüringer Klöße

*Für 4–6 Personen*
*Zubereitungszeit: 40 Minuten*
*Kochzeit: 45 Minuten*

**Einkaufsliste/Zutaten**

2 Brötchen
40 g Butter
2,5 kg mehlig kochende Kartoffeln
Salz

## Vorküche

Die Brötchen in kleine Würfel schneiden und in der heißen Butter goldgelb rösten. Die Kartoffeln schälen und waschen, ein Drittel davon grob in Würfel schneiden und in Salzwasser weich kochen. Das Wasser bis auf einen kleinen Rest abgießen und die Kartoffeln zu einem dicken Brei zerstampfen. In eine Schüssel etwas kaltes Wasser geben und die restlichen Kartoffeln hineinreiben. Diese Kartoffelmasse durch ein Tuch pressen und dabei die Flüssigkeit auffangen, damit sich die Stärke absetzen kann.

## Zubereitung

Den Kartoffelbrei zum Kochen bringen und über die geriebenen Kartoffeln in eine Schüssel geben. Kartoffelstärke und Salz dazugeben und rasch verkneten. In einem großen Topf Salzwasser zum Kochen bringen. Mit nassen Händen Klöße formen und in die Mitte die Brotwürfel geben. Die Klöße in das kochende Salzwasser geben und im siedenden Wasser etwa 20 Minuten ziehen lassen.

## Servieren

Die Thüringer Klöße in eine Schüssel füllen und zu Wildgerichten oder Geflügelgerichten servieren.

## Merkzettel

Die Klöße werden zwar ins kochende Wasser gelegt, dürfen aber nicht kochen. Sie sollten auf dem Teller mit einer Gabel sofort eingerissen werden, so bleiben sie locker und fallen nicht zusammen.

# Tiroler Kartoffelsalat

*Für 4 Personen*
*Zubereitungszeit: ca. 30 Minuten*
*Kochzeit: 25 Minuten*

**Einkaufsliste/Zutaten**

550 g fest kochende Kartoffeln
60 g magerer Speck
2 kleine Zwiebeln
2 El Öl
1 El Weinessig
125 ml Fleischbrühe
1 Tl Senf
1 Tl Kapern
Salz
Schwarzer Pfeffer aus der Mühle
1 Prise Zucker

**Garnierung**

½ Bund Schnittlauch

## Vorküche

Die Kartoffeln waschen und mit der Schale gar kochen. Noch heiß pellen und abkühlen lassen. In Scheiben schneiden und in eine Schüssel geben. Den Speck in feine Würfel schneiden. Die Zwiebeln schälen und ebenfalls in feine Würfel schneiden. Schnittlauch waschen, trockenschütteln und in feine Röllchen schneiden.

## Zubereitung

Das Öl in einer Pfanne erhitzen und Speck- und Zwiebelwürfel darin glasig dünsten. Mit Essig ablöschen und über die Kartoffeln geben. Die Fleischbrühe in einem Topf erhitzen, den Senf einrühren, die Kapern dazugeben und die Brühe zu den Kartoffeln geben. Alles kräftig mit Salz, Pfeffer und Zucker würzen.

**Servieren**

Den Tiroler Kartoffelsalat in einer Schüssel anrichten und mit den Schnittlauchröllchen bestreut servieren.

**Merkzettel**

Der Kartoffelsalat wird in Tirol auch mit Kresse, Gurkenscheiben oder Tomaten zubereitet.

# V

# Verheiratete

## (Saarländische Kartoffelklöße)

*Für 4 Personen*
*Zubereitungszeit: 1 Stunde*
*Kochzeit: 25 Minuten*

### Einkaufsliste/Zutaten

800 g Kartoffeln
Salz
200 g magerer Speck
1 Zwiebel
600 g Mehl
4 Eier
125 g Magerquark
Pfeffer
1 Msp. Muskatnuss
250 ml Sahne

### Garnierung

Grüner Salat

### Vorküche

Die Kartoffeln schälen, waschen und je nach Größe vierteln oder achteln. Die Kartoffelstücke in Salzwasser gar kochen. Den Speck in kleine Würfel schneiden. Die Zwiebel schälen und ebenfalls klein würfeln. Das Mehl in eine Schüssel sieben und mit Eiern, Quark und 125 ml Wasser zu einem zähflüssigen Teig verrühren. Mit Salz, Pfeffer und Muskatnuss würzen.

### Zubereitung

In einem großen Topf Salzwasser zum Kochen bringen. Den Teig esslöffelweise in das kochende Wasser hineinlaufen lassen und 5 Minuten ziehen lassen. Inzwischen die Speck- und Zwiebelwürfel in einer trockenen Pfanne auslassen und mit der Sahne ablöschen, kurz aufkochen lassen. Die Mehlknödel (»Mehlknepp«) mit einem Schaumlöffel aus dem Topf heben und abtropfen lassen. In eine Schüssel abwechselnd die Kartoffeln und Mehlknepp schichten und mit der Specksahne übergießen.

### Servieren

Verheiratete in der Schüssel zu Tisch bringen und mit einem frischen grünen Salat servieren.

# W

# Wetzsteine mit Weich

## (Klöße mit Zwiebelsoße)

*Für 4 Personen*
*Zubereitungszeit: 30 Minuten (ohne Wartezeit)*
*Koch- & Bratzeit: 25 Minuten*

### Einkaufsliste/Zutaten

500 g rohe Kartoffeln
100 g durchwachsener Speck
6 mittelgroße Zwiebeln
2 Stangen Lauch
750 g gekochte Kartoffeln
1 Ei
60 g Kartoffelmehl
1 Tl Salz
5 El Öl
3 El Mehl
500 ml Fleischbrühe
Etwas Milch
Salz

### Garnierung

Birnenkompott oder Apfelmus

## Vorküche

Die rohen Kartoffeln schälen. Für die Soße den Speck würfeln.
Die Zwiebeln schälen und den Lauch putzen,
beides in feine Ringe schneiden.

## Zubereitung

Die rohen Kartoffeln reiben und in einem Tuch ausdrücken. Die gekochten Kartoffeln ebenfalls reiben und zu den rohen Kartoffeln geben. Die Kartoffelmasse mit Ei, Kartoffelmehl und Salz zu einem festen Teig verkneten und längliche Klöße daraus formen. In kochendes Salzwasser geben und so lange ziehen lassen, bis sie oben schwimmen (ca. 20 Minuten).

Für die Zwiebelsoße derweil den Speck in Öl auslassen und die Zwiebel- und Lauchringe gut darin andünsten. Das Mehl darüber stäuben, unter Rühren kurz erhitzen und mit der Fleischbrühe ablöschen. Etwa 5 Minuten durchkochen lassen, mit etwas Milch bis zur gewünschten Menge auffüllen und mit Salz abschmecken.

## Servieren

Die Klöße abschöpfen und in einer großen Terrine oder Schüssel mit der Soße übergießen. Dazu reicht man Birnenkompott oder Apfelmus.

## Merkzettel

Sollte der Kloßteig zu fest geraten, darf etwas Milch oder Wasser zugefügt werden. Die Klöße nicht kochen, sondern nur ziehen lassen.

# Register